경제야 놀자

기자아빠 PB엄마가
들려주는 경제이야기

경제야 놀자

초판 1쇄 발행 · 2011년 10월 14일
초판 2쇄 발행 · 2012년 3월 21일

지은이 · 정광재, 박경순
펴낸이 · 노성호
펴낸곳 · (주) 뿌브아르
편집 · 김주연
디자인 · 강혜리

출판 등록 · 2008년 12월 16일 제 302-2008-00051호
주 소 · 서울시 용산구 한강로 1가 292-3 세화빌딩 301호
전 화 · (02)774-2545, 2546
팩 스 · (02)774-2544
홈페이지 · www.emoneytree.co.kr

ISBN 978-89-94569-19-2 03320

기자아빠 PB엄마가
들려주는 경제이야기

경제야 놀자

지은이 정광재 · 박경순

백년어르

대한민국의 미래는 우리 아이들의 미래입니다. 대한민국의 미래를 책임질 아이들이 건강하고 합리적인, 또 다른 사람들을 배려하며 살아갈 줄 아는 지혜를 배우며 성장했으면 좋겠습니다. 그래서 '얕은' 지식이지만 어렵사리 용기를 내 '경제야 놀자'란 책을 내게 됐습니다.

막상 책을 쓰겠다고 결심했을 때는 정말 좋은 작품을 만들어 낼 수 있을 것 같았습니다. 10여년 넘게 글 쓰는 일을 해 왔고, 또 아무리 어려운 금융상품이라고 해도 고객들에게 충분히 이해시켰던 노하우가 있다고 자신했기 때문입니다. 하지만 한 장 한 장 진도가 나갈수록, 아이들을 대상으로 경제 이야기를 풀어 나간다는 건 정말 쉽지 않은 일이라는 걸 절감할 수밖에 없었습니다.

가능한 '쉽게 쓰자'고 다짐하고 또 다짐하며 썼지만, 막상 어려운 경제 용어들을 모두 쉬운 말로 바꿔 쓰기는 쉽지 않았습니다. 누군가의 이름이 어렵다고 해서, 이름을 마음대로 바꿔 쓸 수는 없는 노릇이니까요. 처음 책을 읽는 아이들이 생소한 용어로 인해 조금 책이 어렵다고 느낄 수 있을지 모르지만, 그래도 충분히 원리를 이해하고 합리적인 대안을 찾을 수 있는 좋은 나침반이 될 수 있다고 생각합니다. 누구나 한

번쯤 실생활에서 고민해 봤음직한 문제들로 글을 풀어 나간만큼, 여러 분들이 흥미를 갖고 글을 접할 수 있길 기대해 봅니다.

바람이 있다면, 이 책이 부모님과 아이들이 함께 책을 읽고 같이 얘기할 수 있는 좋은 '재료'가 됐으면 좋겠다는 것입니다. 일주일에 한 번, 한 챕터를 읽고, 아이들은 자신의 경우에 빗대어 생각을 정리해 보고, 부모님들은 아이들의 생각을 듣고 지도해 줄 수 있는 교재로 활용해 볼 수 있을 겁니다. 이 책이 인터넷과 게임, TV에 빠져 있는 아이들에게 독서의 재미를 일깨우고, 세상을 움직이는 경제 원리를 함께 깨우쳐 갈 수 있는 계기가 된다면 책을 쓴 저희들의 큰 보람으로 삼겠습니다.

사랑하는 아들, 딸 석완 서윤이가 다른 사람들을 배려하고 이해할 줄 아는 지혜로운 아이들로 자랐으면 좋겠습니다. 바쁘고 피곤하다는 이유로 많은 시간을 함께 해주지 못하는 아쉬움은 "사랑한다"는 말로 대신하려 합니다.

2011년 10월 지은이 **정광재, 박경순**

추천사

"자녀에게 물고기를 잡아다 주는 부모가 아니라, 물고기 잡는 방법을 가르쳐 주는 부모가 돼라"는 말은 동서고금의 진리입니다. 고기를 가져다 줘 한 번의 식사를 해결해 주는 것보다 고기 잡는 법을 가르쳐 평생 살아 갈 방도를 알려주는 것이 현명한 부모의 역할이라고 할 수 있습니다.

과거에도 오늘날에도 삶을 살아가는 데 있어서 경제적 문제가 해결되지 않고서는 안정된 삶을 영위할 수 없습니다. 이런 이유 때문에 오늘날 어린이를 대상으로 한 경제 · 금융 교육의 중요성은 날이 갈수록 더 커지고 있습니다. 영 · 미등 선진국에서는 이미 오랜전 부터 조기에 경제 · 금융교육을 실시해 오고 있습니다. 이 교육이야 말로 아이들에게 물고기 잡는 법을 알려주는 교육이기 때문입니다. 이렇게 어려서부터 잘 익혀 체화된 경제 · 금융 지식은 평생을 지혜롭게 살아가는 힘이 될 것입니다.

이러한 경제 · 금융 교육은 생활 속에서 이뤄지는 게 좋습니다. 우리의 삶이 곧 경제활동이어서, 생활 속에서 일어나는 고민과 선택에는 경제적 이해관계가 맞물려 있을 수밖에 없기 때문입니다.

친구의 생일 파티에서 짜장면을 먹을지, 짬뽕을 먹을지 고민하는 어린이의 모습과 왜 우리 주변에는 'Made in China' 장난감이 넘쳐나는 지를 경제 원리에 빗대 풀어 나간 이 책은 그래서 그 의미가 색다릅니다.

오랜 시간 증권시장을 취재해 온 정광재 기자와 은행 PB로 활동해 온 박경순 과장은 우리 생활에 숨은 그림처럼 숨어 있는 경제 원리를 하나하나 찾아내, 적절한 설명과 풍부한 이야기 거리로 풀어냈습니다. 이 책은 생활 속 경제적 선택과 고민을 주제로 삼았기 때문인지 경제교육과 관련한 어려운 책을 읽는다는 느낌보다는 가벼운 수필집을 읽는 기분을 느끼게 합니다.

이 책이 대한민국 어린이들의 경제 · 금융교육 입문서로서 좋은 교재가 되었으면 하는 바람을 가져 봅니다. 한편으로 이 책을 읽고 자란 아이들이 21세기 대한민국의 미래를 짊어지고 갈 유능한 인재가 될 것이라는 점도 믿어 의심치 않습니다.

2011년 10월 (前)금융투자협회장 **황건호**

차례

10

경제야 놀자

12

· 짜장면이냐 짬뽕이냐
· 엄마가 돈을 빌려 아파트를 산 이유는?

짜장면과 짬뽕, 그 영원한 '고민'

1 짜장면과 짬뽕,
그 영원한 '고민'

오늘은 석완이네 반 반장 상철이의 생일. 축구도 잘하고 공부도 잘하는 상철이는 석완이의 단짝입니다.

상철이가 집으로 친구들을 초대했어요. 마음씨 착한 민서, 말괄량이 현수, 게임왕 태화, 얼짱 준영이를 포함해 모두 8명이 초대를 받았습니다.

요즘 들어 부쩍 시선이 더 가게 되는 지은이가 온다는 데 그냥 갈 수 있나요? 석완이는 아버지가 바르는 왁스를 머리에 잔뜩 발라 한껏 머리에 힘을 주고는 상철이 집에 갔습니다.

이런, 늦지 않게 간다는 게 벌써 친구들은 다 도착해 있네요. '조금 일찍 와서 지은이 자리 옆에 앉아야 하는 건데….' 뒤늦은 후회가 밀려옵니다.

"엄마가 중국집에서 탕수육하고 짜장, 짬뽕 시켜 먹으라고 했으니까. 짜장 먹고 싶은 사람?"

"나" "나도" "난 짜장 곱빼기"

"아, 아니다. 난 짬뽕으로 바꿀래." "어, 그래? 나도 짬뽕이 좋겠어."

"아, 아냐. 짜장면이 나을 것 같아. 난 짜장면."

여기저기서 친구들이 짜장, 짬뽕을 불러 댑니다. 쉽게 결정을 못 내리나 봐요. 석완이도 짜장을 시킬지 짬뽕을 시킬지 고민이네요. 짜장을 시키면 매콤한 국물의 짬뽕을, 짬뽕을 시키면 달콤한 짜장을 포기해야 하니, 어떤 걸 시키면 좋을까요?

석완이는 생각합니다. '지은가 짬뽕을 시키고 내가 짜장을 시켜 함께 나눠 먹으면 정말 좋을 텐데..'

집 나귀와 야생 나귀

여러분 '이솝 우화' 많이 읽으셨죠? 그 옛날 이솝(Aesop)이라는 사람은 신문도 없고 인터넷도 없던 시대에 살면서 어떻게 그렇게 많은 얘기들을 듣고 정리해서 사람 사는 얘기들을 동물에 빗대어 정리할 수 있었을까요? 정말 대단한 사람이라는 생각이 듭니다.

짜장면과 짬뽕, 그 영원한 '고민'

이솝은 BC 6세기 사람으로 그리스의 노예 출신이었습니다. 불룩 나온 배와 아주 우스꽝스러운 외모를 가지고 있었다고 하는데, 너무 옛날 사람이라 정확한 기록은 남아 있지 않다고 하는군요.

이솝우화에 나오는 얘기들은 모두 이솝이라는 사람이 직접 쓴 건 아니고 당시에 유행하던 얘기들을 정리한 게 많습니다. 이후 친숙한 동물들을 사람에 빗대서(의인화) 만들어낸 단편 우화를 가리키는 대명사가 됐죠. 토끼와 거북이, 늑대와 양치기 소년, 고양이 목에 방울 달기 등 수많은 얘기들이 이솝우화에 포함돼 있습니다.

첫 장에서 들려주고 싶은 얘기는 집 나귀와 야생 나귀에 관한 겁니다. 자유롭게 들판과 산을 뛰어다니는 야생 나귀. 하루는 배가 고파 마을 주변을 배회하고 있는데, 우연히 부잣집 마당에 살고 있는 집 나귀를 보게 됐습니다. 집 나귀는 먹음직스러운 콩이 가득한 여물통 옆에 편히 앉아 쉬고 있었어요. 그 옆에는 건초더미에, 야생나귀가 그토록 먹고 싶어 했던 홍당무도 한 아름 놓여 있었습니다.

"정말 부럽다. 나도 저렇게 주인이 챙겨 주는 먹이나 먹으며 집 나귀처럼 편하게 살 수 있으면 얼마나 좋을까. 밤이슬을 피할 수 있는 마구간은 또 얼마나 좋고. 집 나귀야, 난 네가 정말 부럽다."

그러자 집 나귀는 한 숨부터 몰아쉬며 야생 나귀를 부러운 눈으로 쳐다봤습니다.

"난 네가 더 부러운 걸. 넌, 네가 가고 싶은 곳은 어디든 갈 수 있고 무거운 짐 따위를 싣고 다닐 일은 없잖아. 내가 조금만 늦기라도 해봐. 주인이 내리치는 채찍은 또 얼마나 아픈데."

그제야 야생 나귀는 정신이 번쩍 들었습니다. 건초더미와 홍당무 뒤에 숨겨진 가죽 채찍과 무거운 짐 더미들이 눈에 들어온 거죠. 편안해 보이는 마구간은 또 얼마나 좁고 답답해 보이던지요.

그래요. 야생나귀가 편안한 마구간과 맛있는 홍당무를 손쉽게 얻기 위해서는 어디든 자유롭게 다닐 수 있는 자유를 포기하고 무거운 짐을 날라야 하는 '일'이라는 의무를 지게 됩니다. 그렇지 않으면 주인의 매서운 채찍이 기다리고 있겠죠.

16

기회비용(Opportunity cost)

집 나귀의 안락한 마구간과 맛있는 건초더미, 홍당무를 얻으려면 야생 나귀는 열심히 일을 해야 합니다. 반대로 야생 나귀의 자유를 얻고 싶다면 집 나귀는 마구간과 주인이 주는 건초더미를 포기해야 하는 거죠.

이렇게 동시에 선택할 수 없는 상황에서 특정 선택을 했을 때 포기해야 하는 다른 선택의 가치, 나머지 포기한 선택에서 얻을 수 있는 경제적인 가치를 경제학에서는 '기회비용'이라고 합니다. 기회를 갖기 위해 희생해야하는 비용이라고 해서 '기회비용'이라는 이름이 붙었습니다.

석완이의 경우 짜장면을 선택했을 때 포기해야 하는 짬뽕, 짬뽕을 선

짜장면과 짬뽕, 그 영원한 '고민'

택했을 때 포기해야 하는 짜장면은 서로에 대한 기회비용인 셈이죠.

　기회비용은 합리적인 선택을 하는 경제적인 사람들의 선택 기준이 됩니다. 경제학은 또 이렇게 기회비용을 계산해 합리적으로 판단하고 행동하는 사람들을 전제로 모든 이론을 풀어가죠. 예를 들어 몇 몇 사람들이 기회비용을 무시하고 비합리적인 판단을 내린다고 해도, 그건 몇 몇 예외적인 경우일 뿐 평균적인 개념에서는 무시할 만한 수준입니다. 평균의 개념과 비슷하다고도 볼 수 있습니다. 수학 시험에서 50점 맞는 친구도 있고 100점 맞는 친구도 있지만 반 평균적으로는 75점을 맞는 사람들이 많다면 75점을 맞는 친구들에 맞춰 수업을 진행하는 것과 마찬가지죠.

　합리적인 사람들은 기회비용을 바탕으로 선택을 합니다. 짜장면을 시킨 지은이는 짬뽕이 너무 맵다고 판단했고 짬뽕을 시킨 민수는 짜장면은 국물이 없어 짬뽕이 더 좋을 것이라고 판단한 겁니다. 결국 지은이는 짜장면의 '효용'이, 민수는 짬뽕의 효용이 더 크다고 판단해 선택한 셈이죠. 물론 짬뽕이냐 짜장이냐를 선택할 때는 개인들의 기호가 작용하지만 이것은 여기에서는 논외로 하겠습니다.

할아버지의 기회비용과 경제적 선택

시골에 계신 할아버지의 기회비용과 경제적 선택에 대해 알아볼까요. 할아버지는 지난여름, 가지고 있는 2000㎡의 밭에 배추를 심을까 무를 심을까 고민하다 결국 배추를 심었습니다. 같은 밭에 무와 배추를 같이 심어 팔수는 없는 일. 할아버지가 배추를 심었기 때문에 한 이유는 간단합니다. 마을 사람들이 무를 많이 심어서 무값이 떨어지면 무를 팔아 받을 수 있는 돈이 500만원 밖에는 되지 않을 걸로 생각했습니다. 그런데 만약 배추를 심으면 배추값이 비싸서 700만원을 받을 수 있을 걸로 판단한 거죠. 당연히 200만원을 더 벌 수 있는 배추를 심는 게 할아버지에게는 훨씬 유리합니다.

이 때 기회비용을 계산해 보면, 무를 심기위해 포기해야 하는 배추의 가치, 즉 무의 기회비용은 700만원입니다. 무를 심을 경우 배추를 심을 수 없어 배추값 700만원을 포기해야 합니다. 반대로 배추를 심을 경우 무를 심을 수 없어 무값 500만원을 포기해야죠. 이 때 배추의 기회비용은 500만원입니다.

선택을 할 때는 기회비용이 적은 쪽을 택해야 합니다. 배추의 기회비용 500만원, 무의 기회비용은 700만원이라고 했으니, 그래야 손주 용돈이라도 더 줄 수 있는 거죠. 당연히 기회비용이 적은 배추를 심는 게 할아버지에게는 유리합니다. 할아버지는 이렇게 합리적인 선택을 한 겁니다.

짜장면과 짬뽕, 그 영원한 '고민'

엄마가 돈을 빌려 아파트를 산 이유는?

기회비용이 우리집 경제에는 어떤 영향을 미치는지 더 현실적인 예를 들어보도록 하겠습니다.

민수네는 최근까지 전세로 살다가 아파트를 새로 사 이사했습니다. 민수네는 은행에서 2억 원의 돈을 대출받았는데요, 돈을 빌린 대가로 은행에서 내야하는 이자(대출금리)는 요즘 5%입니다. 이 때 1년이면 2억원의 대출 금액에 대해 1000만원(2억×0.05=1000만원)의 이자를 내야 합니다.

그러나 만약 2억원을 대출받지 않았다면 1000만원을 지불하지 않았어도 되니까, 일단 2억원에 대한 '소극적 의미'의 기회비용은 연 1000만원이라고 할 수 있습니다.

그런데 만약 2억원을 대출받아 집을 사지 않고 주식이나 아버지 사업에 투자했다면 벌 수 있는 돈이 있을 겁니다. 집을 사는 선택을 했기 때문에 주식이든 아버지 사업이든 다른 곳에 투자를 못했고, 이렇게 다른 선택을 했을 때 벌 수 있었던 돈까지 기회비용에 포함시켜야 합니다. 2억원을 주식 펀드나 아버지 사업에 투자해서 벌 수 있었던 돈을 연 10%수익이라고 한다면 연간 2000만원(2억×0.01=2000)의 돈을 벌 수 있는 셈입니다. 그러니까 2억원의 대출을 받아 집을 산 데 따른 기회비용은 이제 이자비용 1000만원과 다른 선택을 포기한 데 따른 2000만원이 더해져 3000만원이 되는 겁니다. (집을 사는 데는 대출

받은 2억원 외에도 그 동안 집에서 모아 온 돈이 있겠지만, 이 돈에 대해서는 집이 제공하는 주거의 기능을 감안해 생략하겠습니다.)

그럼 민수네 엄마, 아빠는 왜 이렇게 연간 3000만원에 달하는 기회비용을 부담해 가면서까지 집을 사기로 한 걸까요?

경제적인 관점에서 본다면 민수네 엄마, 아빠는 연 3000만원의 기회비용보다 큰 가치를 집을 사면서 얻을 수 있을 거라고 본 겁니다. 집값은 오를 수도, 내릴 수도 있지만, 연간 3000만원 이상 집값이 올랐다고 한다면 민수네 부모님은 경제적으로 충분히 합리적인 선택을 한 겁니다. 기회비용 이상으로 경제적인 이득을 보게 된 거니까요. 반면 집값이 떨어지거나 오히려 3000만원 이상 오르지 않고 그 이하로만 올랐다면 경제적으로는 그리 현명한 선택을 했다고 보기 어려운 겁니다.

지금까지는 집값이 항상 오르기만 했으니까 많은 사람들은 은행에서 대출을 받아서라도 집을 사는 데 열심이었습니다. 이렇게 무리를 해서라도 집을 사려는 사람들(경제학에서는 수요라고 하죠)이 많으니까 한정된 집(수요와 반대로 공급이라고 합니다)의 값은 더 오르게 되는 거죠. 그래서 집값은 그동안 꾸준히 올랐다고 할 수 있습니다.

그런데, 앞으로 인구가 줄어들고 집에 대한 수요가 감소하게 되면 집값이 떨어지는 시대가 올지도 모를 일이죠. 요즘 집값이 옛날만큼 많이 오르지 않는 이유입니다.

20

묵어가 '도루묵'이 된 이유는?

　1636년. 당시 중국 대륙을 통일하고 중원의 맹주가 된 청나라는 조선을 침공했습니다. 1636년이 '병자(丙子)'년이었기 때문에 '병자호란'으로도 불리는 이 전쟁은 단군 유사 이래 우리나라가 외세와 싸워 경험한 가장 쓰라린 패배의 역사라고도 할 수 있죠.

　고려 시절, 몽고 침입에 대적해 40여 년간 항쟁을 지속했고 1592년 발발한 임진왜란에서 7년 동안의 싸움 끝에 왜군을 격퇴했지만 병자호란에서 조선은 불과 두 달 만에 항복을 선언할 수밖에 없었습니다. 당시 쇠락하던 명나라와의 관계를 유지하기 위해 급부상 하던 청을 멀리하면서 발생한 이 전쟁은 급변하는 중국 내 권력 지형을 정확히 파악하지 못하고 과거에만 집착했던 지도층의 책임이 컸습니다.

　당시 조선의 왕실은 한성을 떠나 현재 경기도 광주의 남한산성으로 피란길에 올랐고 오랜 기간 그 곳에 갇혀 지낼 수밖에 없었습니다. 피란길에 있었던 터라 모든 물자가 부족했죠. 임금이라고 해도 변변히 먹을 것 하나 제대로 챙길 수 없었고, 평소라면 거들떠보지도 않았던 음식으로 요기를 해결해야 했습니다.

　마침 인조 임금은 생선을 몹시 먹고 싶어 했는데, 신하 몇 몇이 어렵사리 포위를 뚫고 나가 '묵'이라는 이름의 생선을 구해왔습니다. 오랜

21

경제야 놀자

기간 생선 구경을 못했던 인조 임금은 초라한 '수라상' 위에 올라온 생선을 한 점 집어 들었죠. '시장이 반찬'이라는 말처럼 그 때 먹은 그 생선은 그렇게 맛이 있을 수가 없었습니다.

"아니, 이렇게 맛있는 생선이 있었나? 이 고기 이름이 무엇이냐?"

"묵이라 하옵니다."

"묵? 이렇게 맛있고 모양도 좋은 고기 이름 치고는 너무 보잘 것 없구나. 그럴 듯한 새 이름이 하나 필요 하겠구나."

이렇게 해서 '묵'이라는 이름의 이 고기 이름은 인조 임금의 뜻에 따라 '은어'가 됐습니다. 은백색의 배를 가진 물고기였기 때문에 붙여진 이름인데요, 신하들은 한 층 더 멋들어진 이름을 지어 붙여 임금을 기쁘게 한 아름다운 고기라는 뜻에서 '충미어(忠美魚)'로 부르기로 했습니다.

병자호란이 마무리되고 청나라 군대가 물러가자 다시 한성 대궐로 돌아온 인조 임금. 인조는 남한산성에서 먹었던 그 '묵'의 맛을 잊을 수가 없어 신하로 하여금 묵 요리를 준비하게 했습니다.

그러나 화려한 수라상에 올라온 '묵'의 맛은 도통 그때 그 맛이 아니었어요. 도저히 아무 맛도 없어 한 점 삼키고는 다시는 젓가락이 가지 않았죠..

"이게 정말 내가 그렇게 맛있게 먹었던 묵이란 말이냐? 정말 맛없는 생선이로구나. 이 생선의 이름을 '도로묵'이라고 하거라!"

짜장면과 짬뽕, 그 영원한 '고민'

이렇게 같은 물건이나 서비스라고 하더라도 각각의 상황에 따라 사람들에게 주는 '효용', 즉 가치는 다를 수밖에 없습니다. 곤궁한 처지에 있던 인조 임금에게는 천혜진미의 묵이, 풍요로운 현실로 돌아와서는 정말 맛없는 고기로 전락한 이유도 여기에 있죠.

23

경제상식 - 한계효용 체감의 법칙

재화나 서비스의 효용, 만족 정도는 해당 제품이나 서비스에 대한 소비가 늘어날수록. 점차 줄어듭니다. 이를 경제학에서는 '한계효용 체감의 법칙'이라고 하는데, 소비에서 오는 만족도는 소비가 증가할 수록 줄어든다는 뜻입니다. 한계효용의 감소는 경제학에서 효용과 만족을 설명하는 가장 기본적인 개념입니다.

예를 들어 배가 고플 때 먹는 빵 하나가 주는 효용, 만족도가 100이라고 했을 때, 두 번째 먹는 빵 하나의 효용은 80, 세 번째 먹는 빵의 효용은 50으로 줄어듭니다. 만약 배가 불러 죽겠는데, 억지로 빵을 먹게 했을 때, 그 빵은 오히려 마이너스의 효용을 가질 수도 있어요. 인조 임금이 느낀 '도로묵'맛의 차이는 바로 이런 효용의 차이에 있습니다.

한계효용 체감의 법칙은 재화나 서비스에만 한정돼 나타나지 만은 않습니다. 사람의 추억이나 경험, 기억에도 해당됩니다. 예를 들어 첫사랑이 갖는 아련한 낭만, 첫 외국 여행, 첫 키스 등에 대한 기억은 뚜렷이 남지만 다섯 번째 사랑, 열두 번째 외국 여행은 기억에서 훨씬 쉽게 지워지게 마련입니다.

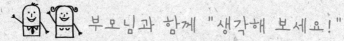

부모님과 함께 "생각해 보세요!"

석완이는 이번 주말 친구들과 놀이공원에 가기로 했습니다. 그런데 친구 상철이가 놀이공원보다 새로 나온 3D 영화를 보러 가는 게 어떠냐고 하네요. 놀이공원은 가기도 힘들고 입장료도 비싸지만, 영화관은 가깝고 .또 티켓 가격도 훨씬 저렴하다고요. 고민에 빠진 석완이, 석완이의 선택은 뭘까요?

· 링컨 대통령을 만든 '긍정의 힘'
· 헬렌 켈러가 행복할 수 있었던 이유

내 인생은 나의 것

2 내 인생은 나의 것!

학교에서 돌아온 석완이의 얼굴에 수심이 가득합니다. 학교에서 있었던 일들을 곧잘 재잘대던 평소와 달리 오늘은 완전히 풀이 죽어 있습니다.

"석완아, 학교에서 무슨 일 있었니?"

"지난번에 본 기말고사 성적이 나왔잖아요. 열심히 한다고 했는데, 점수가 많이 안 올랐어요."

"그래? 이번에는 공부를 제법 열심히 하는 것 같던데."

"맞아요. 중간고사를 너무 못 봐서, 이번에는 정말 열심히 한다고 했는데…"

"석완아, 그래도 중간고사보다 잘 봤으니까, 또 석완이가 열심히 노력했다고 하니까. 아빠는 대 만족이다. 그래 몇 점이나 올랐는데?"

"평균 5점 정도 올랐어요."

"5점이라고. 그럼 잘 했네. 중간고사보다 이번 기말고사를 잘 봤고, 또 앞으로 볼 시험을 더 잘 보면 될 일인데, 왜 그렇게 풀이 죽어 있는 거야?"

"그래도 더 잘 볼 수도 있었는데."

"석완아, 컵에 물이 반 정도 남았는데, 사막을 지나던 두 사람이 우연히 물병을 발견했는데, 한 사람은 물이 '반밖에' 남지 않았다고 불평했고, 다른 한 사람은 물이 '반이나' 남았다고 환호했다고 해. 누가 더 행복했을까?"

"그야 물론 반이나 남았다고 만족한 사람이겠죠."

"당연하지. 너는 '5점밖에' 오르지 않았다고 생각하겠지만, 시험을 못본 다른 친구들은 석완이가 '5점이나' 올랐다고 생각할 수도 있단다. 열심히 공부했는데도 5점밖에 오르지 않았다고 실망할 게 아니라 열심히 공부했기 때문에 5점이나 올랐다고 생각해 보렴."

"어, 아빠 말씀을 듣고 보니, 갑자기 기분이 좋아지네요. 맞아요, 이번 시험은 중간고사보다 어려워서 평균도 더 낮았는데, 그럼 제가 더 잘 본 셈이 되네요. 하하."

"그래, 긍정적으로 생각해봐. 세상이 한 결 밝아질 걸. 말이 나온 김에 미국의 링컨 대통령 얘기를 좀 해볼까?"

링컨 대통령을 만든 '긍정의 힘'

미국의 제 16대 대통령 에이브러햄 링컨(Abraham Lincoln)은 1809년 미국 켄터키주 호젠빌에서 아주 가난한 구두 수선공의 아들로 태어났습니다. 어려서부터 집안일을 돕는 등 여러 가지 일을 도맡아 해야 했기 때문에 초등학교나 중학교와 같은 정규 교육을 제대로 받을 수 없었죠. 그래서 링컨은 독학을 할 수밖에 없었습니다.

변호사가 되기 전에는 동네 잡화점 주인, 측량기사, 우체국장 등 여러 직업을 전전했습니다. 어렵사리 변호사 시험을 통과한 후에도 그의 인생 역정은 쉽지 않았는데, 성공보다는 실패가 많았고 환희보다는 좌절을 더 많이 경험해야 했습니다. 23세에 처음 사업에 실패한 것을 비롯해 주 의회 낙선, 상원의원 낙선, 부통령 낙선 등 실패를 밥 먹듯이 했습니다.

그래도 링컨은 자신의 처지나 실패를 탓하지 않았습니다. 오히려 끊임없는 자기 개발과 긍정적인 사고를 통해 미국의 대통령 자리에까지 올랐고 세계사에 영원히 지워지지 않을 자신의 이름을 남길 수 있었죠. 특히 그는 1863년 11월 게티즈버그국립묘지 설립 기념식 연설에서 한 "국민에 의한, 국민을 위한, 국민의 정부는 지상에서 영원히 사라지지 않을 것이다"라는 불멸의 말을 남겼습니다. 오늘날의 민주주의를 이보다 잘 설명한 말은 없을 겁니다.

링컨은 또 미국 노예제도를 폐지하면서 '흑인 노예해방의 아버지'라는 칭호를 얻었습니다. 모든 사람이 민주주의 안에서 평등하다는 신념을 실천에 옮긴 주인공인 셈입니다.

링컨 대통령이 실패와 좌절에서 벗어나 자신의 '꿈'을 향해 다시 뛸 수 있게 한 원동력은 바로 '긍정의 힘'에 있습니다. 긍정이란 생각의 태도입니다. 긍정적으로 생각하는 사람은 아무리 어려운 일을 겪게 되더라도 곤궁 속에 숨어 있는 희망을 찾으려 합니다. 반대로 부정적적으로 생각하는 사람은 아무리 좋은 환경 속에서도 불만스러운 몇 가지를 찾아내 이를 탓합니다.

중요한 것은 긍정적인 생각과 태도를 가진 사람과 부정적인 사고와 행동을 하는 사람들 사이에는 삶의 궤적에 큰 차이를 보인다는 점입니다. 긍정적인 사람은 인생의 행복과 성공을 얻을 수 있지만 부정적인 사람은 불행과 실패를 면할 수 없습니다.

이유는 간단합니다. 행복과 불행을 나누는 종이 한 장의 차이는 바로 긍정적인 사고와 태도를 가졌느냐, 그렇지 않느냐에서 나오기 때문입니다. 주어진 환경과 변화를 어떻게 받아들이고 어떻게 대응하느냐에 따라 성공이 실패로, 실패가 성공이 될 수 있습니다.

링컨은 "행복은 마음먹기에 달려있다"고 했습니다. "인간은 자기가 마음먹은 만큼만 행복해 질 수 있다"고도 했죠. 행복은 행복이 왔을 때 있는 그대로를 받아들일 자세가 돼 있는 사람에게만 찾아옵니다. 행복이 찾아 와도 부정적인 사고를 하는 사람은 언제 그 행복이 달아날지 몰라 안절부절 못하게 되고 결국 불행하게 됩니다. 링컨이 실패와 좌절의 순간에서도 "행복하다", "난 뭐든지 할 수 있다"며 재기할 수 있는 힘을 가질 수 있었던 것도 세상을 바라보는 따뜻한 긍정의 힘에 있었습니다.

피그말리온 효과(Pygmalion effect)

그리스 신화에서 나온 '피그말리온 효과'라는 게 있습니다. 우리말로는 '자기 충족적 예언'이라고 하는데, 용어는 어렵지만 개념은 아주 간단합니다. 모든 게 생각대로 된다는 거죠. 최근 모 이동통신사가 '생각대로'라는 슬로건을 통해 생각대로 이뤄지는 행복을 보여준 적이 있죠.

그리스 조각 신화에서 조각가 피그말리온은 온 정성을 기울여 아름다운 여인상 하나를 조각합니다. 그런데 그 조각상이 워낙 완벽한 미인을 형상화한데다 모든 정성을 들였던 터라 피그말리온은 그만 조각상에 사랑의 감정을 느낍니다. 그리고는 그 조각상을 진심으로 사랑하고 아끼게 되죠.

이런 피그말리온의 정성에 감동한 그리스 미의 여신 아프로디테는 피그말리온이 사랑에 빠진 여인 조각상에 생명의 숨결을 불어 넣기로 약속합니다. 피그말리온은 이렇게 생명을 얻은 조각상에 '갈라테이아'라는 이름을 붙이고, 결혼해 행복한 삶을 살게 됩니다.

이렇게 다른 사람의 관심이나 기대, 애정을 바탕으로 성과가 바뀌는 현상을 피그말리온 효과라고 합니다. 다른 사람이 나를 존중하고 나에게 기대하는 것이 있을 때, 이런 기대에 부응하는 쪽으로 변하려고 노력해 실제 그렇게 된다는 뜻이죠. 심리학에서는 조금 더 광범위하게 해석해서 다른 사람의 기대에 부응하는 방향으로 변화하려고 노력하는 정신적 노력으로 풀이합니다.

아마 여러분들의 부모님은 여러분이 무슨 일을, 어떻게 했든 많은 칭찬을 해 줄 겁니다. 처음 그린 못생긴 엄마 그림에도 엄마는 "정말 엄마랑 똑같이 그렸다. 어떻게 이렇게 그림을 잘 그리니!"라고 칭찬해 주었을 겁니다. 아빠는 여러분이 처음 구구단을 모두 외웠을 때 "우리 아들 정말 천재구나. 이렇게 머리가 좋은 걸 보니 정말 공부를 잘 할거야"라고 격려해 줬을 겁니다. 할아버지, 할머니는 여러분이 어떤 동요를, 어떻게 부르든 "우리 손주가 아주 가수구나, 가수야. 나중에 TV에 나가도 되겠다"고 칭찬해 줄거고요.

고래를 춤추게 하는 칭찬, 사람을 키우는 칭찬!

재밌는 실험이 있습니다. 1968년 미국 하버드대 심리학과 교수인 로버트 로젠탈이 무작위로 한 반에서 20%의 학생을 뽑은 후, 교사에게는 "아주 지적 능력이 뛰어난 학생들이니 잘 가르쳐 보라"고 했습니다. 지시를 받은 교사들은 그 평범한 학생들을 뛰어난 학생들로 인식하고 많은 격려와 칭찬을 하며 8개월 동안 가르쳤습니다.

그런데 놀라운 사실이 일어났습니다. 8개월 후, 무작위로 뽑혔던 평범한 학생들이 정말 '뛰어난' 학생들로 변신해 있었던 겁니다. 교사들이 학생들에게 항상 "너희는 아주 뛰어난 학생들이야"라고 칭찬했고 "너희들은 아주 좋은 머리를 가졌으니 조금만 노력해도 좋은 성과가 있을 거야"라고 격려했던 게 평범한 학생들을 뛰어난 학생들로 변신시킨 비결이었던 겁니다. 이 연구결과는 주위 사람들이 특정인에게 거는 기대나 칭찬이 실제로 그 사람의 능력을 변화시키는 데 효과를 미친다는 사실을 입증하고 있죠.

사람은 긍정적인 사고와 함께 '칭찬'을 먹고 삽니다. 칭찬과 격려를 받으며 자란 사람과 비난과 멸시를 받으며 자란 사람은 인성은 물론 능력에도 큰 차이를 보이게 되는 거죠. 여러분들의 부모님이, 선생님이 항상 여러분을 칭찬하려 하는 것도 같은 이유입니다.

그럼 여러분은 어떻게 해야 할까요. 여러분들도 친구들의 장점을 찾아보고 좋은 점을 칭찬하는 습관을 들여 보세요. 세상에 완벽한 사람은 없습니다. 장점과 단점을 모두 갖고 있지만 장점을 칭찬하면 장점이 커지고, 단점을 지적하고 격려해 주면 단점은 작아집니다. 이렇게 친구의 장점을 칭찬하는 습관을 갖게 되면 그 친구도 여러분의 좋은 점을 칭찬하게 될 겁니다. 이렇게 서로가 서로를 칭찬하는 습관이 생기면 여러분 모두가 칭찬의 힘을 바탕으로 더 착하고 훌륭한 사람이 될 수 있습니다.

경제야 놀자

헬렌 켈러가 행복할 수 있었던 이유

헬렌 컬러(Helen Adams Keller)는 여러분이 잘 알다시피 보지도, 듣지도, 말하지도 못했습니다.

여러분이 직접 상상해 보세요. 눈을 감고 5분만 있어도, 말을 하지 않고 10분만 있어도 얼마나 답답할까요. 사랑하는 사람의 얼굴을 한 번도 보지 못하고, 부모님과 따뜻한 말 한 마디 나누지 못한다면 얼마나 불행할까요. 아마 한 날, 한 시도 세상을 살기 싫다는 생각에 극단의 선택을 택할지도 모를 일입니다.

그러나 헬렌 켈러는 보지도, 듣지도, 말하지도 못하는 역경을 딛고 유명 작가로, 사회사업가로 뚜렷한 업적을 남겼습니다.

어쩌면 그는 장애를 이겨냄으로써 스스로 전 세계의 모든 장애인들에게 하나의 '역할 모델'이 되면서 더 뚜렷한 인상을 남겼는지도 모릅니다. 희망이 없는 사람들에게 스스로 희망의 증거가 될 수 있다면, 그것 이상으로 행복한 삶을 살기 어려울 겁니다.

헬렌 켈러가 자신을 둘러싼 모든 역경을 이겨낼 수 있었던 원동력은 세상을 보는 긍정의 힘에 있었습니다. 자신이 처한 어려움을 저주하고 경멸하는 대신, 그렇게라도 삶을 살아갈 수 있는 현실 자체에 감사했습니다. 성경에서 말한 '범사에 감사하라(데살로니가전서 5장 18절)'는 말이 헬렌 켈러에게는 커다란 도움이 됐습니다.

"행복의 한 쪽 문이 닫히면 다른 쪽 문이 열린다. 그러나 우리는 이미 닫힌 문을 너무 오래 보기 때문에 우리를 위해 열려 있는 문은 보지 못한다."

헬렌 켈러가 남긴 유명한 이 말은 우리에게 많은 생각할 거리를 줍니다. 혹, 우리는 자신도 몰래 '난 안 돼' '다른 친구들은 저렇게 행복한데'라며 자신의 처지를 비관하고 있지는 않나요? 그렇다면 이제 그런 비관과 부정을 버리고 세상을 보는 낙관과 긍정의 힘을 가져 보세요. 햇빛이 쨍쨍한 날에도 선글라스를 끼고 있으면 어두운 세상이 보입니다. 세상을 보는 여러분의 눈에 '긍정'의 안경을 껴보세요. 세상은 여러분이 생각하는 것보다 훨씬 더 행복해질 겁니다.

발명왕 에디슨은 필라멘트 전구를 만들기까지 2000여 번의 실험을 했고, 실패를 거듭했지만 실망하지 않았습니다. 오히려 "필라멘트 전구에 적합하지 않은 또 하나의 물질을 발견했다"며 새로운 도전에 나섰다는군요. 다른 사람이 실망하고 비관할 때, 에디슨은 성공의 가능성을 높였다며 긍정적으로 생각했고, 결국 이런 긍정의 힘은 에디슨을 불멸의 발명왕으로 만들었습니다. 에디슨의 도전과 성공, 긍정의 힘을 알고 나니, '실패는 성공의 어머니'라는 에디슨의 말이 더 가슴에 다가오지 않나요?

"인생에서 실패하는 이유는 자신이 성공에 얼마나 가까이 갔는지를 모르고 쉽게 포기하기 때문이다. 실패는 성공의 어머니다."

'시크릿(Secret)'과 원효 대사

'시크릿'이라는 제목의 베스트셀러 책이 있습니다. 세상을 행복하고 성공적으로 산 1%의 사람들만이 알았다는 단 한 가지의 비밀, '시크릿(Secret)'에 대해 적어 놓은 책이죠. 외국 책을 번역해 들여온 것인데, 우리나라에서도 100만 부 이상이 팔렸을 정도로 많은 사람들이 이 책에 열광했습니다.

이 책이 처음부터 끝까지 강조하는 성공한 사람들의 '시크릿'은 뭘까요? 내용을 알고 보면 "에이, 겨우 그거였어?"라고 실망하지 모릅니다. 워낙 당연한 얘기를 비밀인 것처럼 포장해 놓았으니까요. 이 책은 누구나 부와 성공을 이룰 자질은 있지만, 그걸 내면에서 끌어낼 수 있는 사람만이 성공한다고 강조합니다. 그 숨겨진 힘을 끌어낼 수 있는 게 바로 '긍정적인 생각'과 '간절한 믿음'이라는 겁니다.

긍정적으로 생각하고 간절하게 믿을수록 여러분이 성공으로 가는 문은 더 크게 열립니다. '난 안 돼' '난 할 수 없어'라는 부정적인 생각은 결국 여러분이 원하지 않던 일을 만들어 내게 됩니다. 반대로 '난 할 수 있어'라는 긍정적인 생각은 여러분이 원하는 일들을 현실로 끌어내게 됩니다. 마음 속 생각의 차이 하나가 결국 엄청난 결과의 차이를 만들어 낸다는 거죠.

인위적으로 긍정적인 생각을 심었을 때도, 그 생각 하나가 얼마나 큰 차이를 만들어 내는지를 알아볼 수 있는 재밌는 실험도 있습니다. 바로 '플래시보(Placebo) 효과'라는 말을 만들어 낸 실험입니다.

한 의사가 환자들에게 가짜 약을 투여한 후, "아주 좋은 약을 썼으니 이제 곧 나아질 겁니다"라고 했습니다. 환자들은 그게 정말 좋은 약이라고 생각했고, 실제 며칠 지나지 않아 병세에 호전이 있기 시작했습니다. 환자들이 마음 속 깊이 "나는 좋은 약을 먹었으니, 이제 곧 병이 나을 거야"라는 긍정적인 마음과 기대를 갖게 됐고, 이런 기대가 결국 현실로 이뤄지게 된 거죠.

플래시보 효과는 이렇게 실제 약효가 없는데도 환자의 심리작용 때문에 신체에 변화가 나타나는 현상을 보여줍니다. 우리의 생각이 현실을 어떻게 바꿔놓을 수 있는지를 보여주는 대표적이 사례라고 할 수 있겠죠.

신라 말 원효 대사는 당나라로 유학을 가던 중, 하룻밤 노숙을 하게 됐습니다. 한 밤중 목이 마르던 차에 원효 대사는 우연히 무덤 속 해골 바가지의 구정물을 마시게 됐는데, 깜깜한 밤이라 아무 것도 몰랐던 그는 "그 물맛 한번 좋다"며 다시 잠자리에 들었죠.

그런데 다음날 아침, 자신이 간밤에 마셨던 그 꿀맛 같았던 물이 해골바가지의 썩은 물이었다는 걸 알고는 마셨던 물까지 다 토해냈습니다. 그 때 그 유명한 '모든 것이 마음먹기에 달렸다(一切 唯心造)'는 말을 남기고서는 유학을 포기하고 신라의 중생 구제에 나섰습니다.

어쩌면 원효 대사는 플레시보 효과를 가장 먼저 경험한 사람이었는지도 모릅니다. 세상 일은 자기가 생각하기 나름입니다. 불행한 생각은 불행의 씨앗을 뿌려, 실제 현실을 불행하게 하지만 행복한 생각은 행복한 씨앗을 뿌려 행복의 열매를 맺습니다.

경제 상식 - 선순환과 악순환

국어를 좋아하는 대신 수학을 싫어하는 석완이. 석완이의 성적표에 두 과목의 성적은 어떻게 표시돼 있을까요? 당연히 국어에서는 좋은 점수를 받을 테고, 좋아하지 않는 수학에서는 좋은 성적을 받기 어렵습니다.

이유는 간단합니다. 석완이는 좋아하는 국어공부에 더 많은 시간을 '투자'할 거고, 더 많은 시간을 공부하다 보면 분명 더 좋은 성적이 나옵니다. 더 좋은 성적을 받게 되면 자신감이 생기고 다른 친구들에게 인정도 받게 되니까 더 그 과목을 좋아하게 될테니, 성적이 좋아지는 건 당연합니다. 반대로 좋아하지 않는 수학에는 흥미가 없다보니, 수학책을 보는 시간도 줄게 되고 이렇게 되면 시험에서도 좋은 성적을 받기도 어렵습니다. 어떤 과목을 좋아하고, 싫어하느냐의 차이가 행동의 차이를 가져오고, 이런 순환이 반복되면서 결과에는 더욱 더 큰 차이가 발생하게 됩니다.

이렇게 좋은 현상이 끊임없이 되풀이되는 현상이 선순환입니다. 반대로 나쁜 현상이 되풀이되는 상황은 악순환이라고 합니다. 경제학에서는 이렇게 선순환과 악순환이 자주 발생하는데, 경제의 순환구조를 살펴보면 어떻게 악순환의 고리를 끊고, 선순환의 고리를 이을 수 있는지 해답을 찾을 수 있습니다.

역사의 흐름이 그렇듯이, 결과는 미래에 발생하지만 현재에 의해 결정됩니다. 경제 역시 마찬가지입니다. 일자리(고용)의 증가는 개인과 가정의 소비 증가를 가져오고, 소비 증가는 기업의 생산 증가로 이어집니다. 소비 수요를 맞추기 위해 기업이 생산량을 자연스레 늘리기 때문이죠. 생산의 증가는 투자 확대를 동반하는데, 기존의 생산시설 만으로는 늘어난 수요를 맞추기가 어려워 새로운 공장을 짓고, 더 많은 근로자를 고용하게 됩니다. 이렇게 투자가 확대되면 고용이 다시 증가하게 되고, 고용이 증가하면 다시 소비가 늘어나는 경제의 선순환이 이뤄지고, 경제 성장이 이어지면서 경제는 호황을 누리게 됩니다.

반대의 경우에는 경제의 악순환이 이어집니다. 일자리의 감소가 소비 위축을 가져오고,

소비가 위축되면서 기업의 생산활동마저 급감하면, 다시 기업이 고용을 줄여나가는 과정이 이어집니다. 이렇게 되면 전반적인 경제 활동이 위축되고, 성장률이 떨어지면서 경제는 불황의 늪으로 빠져들게 되죠.

경제 악순환의 대표적인 경우가 1930년대 전 세계 경제를 강타했던 미국의 대공황입니다. 호황을 누리던 주식시장이 일순간에 폭락하면서 시작된 대공황은 실직자를 양산했고, 한순간에 직장에서 쫓겨난 사람들은 돈벌이가 없어지면서 소비를 줄일 수밖에 없었습니다. 기업들은 줄어든 소비에 파산했고, 그렇게 경제는 불황이 지속되면서 '대공황' 상태에 빠졌습니다.

이런 경제의 악순환을 끊는 게 당시 미국 정부의 최대 과제였습니다. 그래서 나온 정책이 바로 '뉴딜(New Deal)'입니다. 당시 미국 대통령이었던 루스벨트는 악순환의 반복으로 공황에 빠진 경제를 살리기 위해 대규모 경기 부양책을 발표하고 실행에 옮겼는데, 이 경기 부양책이 바로 뉴딜입니다.

경제 악순환을 끊기 위해 정부가 내놓은 대안은, 대규모 토목공사를 통해 직업을 잃은 사람들에게 새로운 일자리를 만들어 준 겁니다. 고속도로, 댐, 항만 등 대규모 인력이 필요한 사업을 정부가 잇달아 추진하면서 많은 일자리가 생겼고, 새로 일자리를 얻은 사람들은 소득을 바탕으로 다시 소비에 나섰고, 소비 증가에 기업들도 활기를 찾았습니다. 다시 경제가 정상적인 궤도에 진입하면서, 경제가 선순환 궤도에 진입할 수 있는 기반을 마련한 겁니다.

수학 점수를 잘 못 받는 석완이. 결국 석완이가 수학에서 좋은 성적을 받을 수 있는 정답도 여기에 있습니다. 악순환의 고리를 끊기 위해, 더 많은 시간을 투자해 수학 공부에 몰두하는 거죠. 그럼 수학 성적도 조금 좋아질 테고, 높아진 성적에 기분도 좋아져 더 열심히 수학공부에 몰두할 수 있습니다.

부모님과 함께 "생각해 보세요!"

　남아프리카공화국의 육상 선수 오스카 피스토리우스. 2011년 대구 세계육상선수권대회에도 출전하면서 전세계적으로 유명한 인물이 됐죠. 선천적으로 종아리뼈가 없이 태어난 그는 태어난 지 11개월 만에 무릎 아래를 절단하는 수술을 받았지만 부단한 연습을 통해 정상인과 경쟁해도 뒤지지 않을 만큼 훌륭한 육상선수가 됐습니다. 의족을 달고 뛰는 그에게는 '블레이드 러너(Blade runner)' 라는 별명이 붙었죠. 그는 이렇게 말하곤 합니다.

　"사람들은 내게 다리가 없다고 하지만, 나는 누구보다 빠르게 뛸 수 있다는 자신감을 갖고 있습니다. 육상 트랙에 선 순간, 저는 세상에서 가장 행복한 사람입니다." 블레이드 러너의 행복한 질주를 한 번 감상해 보는 건 어떨까요?

· 그리스신화 속 이카루스는 왜 추락했을까?
· 가격과 가치는 항상 같을까?

욕망과 희소성

3 욕망과 희소성

이제 석완이의 개학일이 일주일 앞으로 다가왔습니다. 방학 동안 맘껏 늦잠도 자고 수영장에도 다녔던 석완이. 하루하루 다가오는 개학 날짜가 싫기만 합니다. 밀린 방학 숙제를 남은 일주일에 다 하려면, 고생 꽤나 할 것 같습니다. 벌써부터 머리가 지끈지끈 아파 옵니다.

"아, 정말 방학이 1주일만 더 길었으면 좋겠다. 아빠, 왜 이렇게 방학은 짧은 거예요? 방학을 두 달씩 하면 안 될까요?"

"이 녀석, 방학이 그 정도면 됐지, 뭘 얼마나 더 바라는 거니?"

"그래도 방학이 딱 한 주만 더 길었으면 좋겠는데."

"석완아, 만약 방학이 한 주 더 길었다고 해도, 아마 개학 날짜가 다가오면 똑 같은 말을 하게 될 걸. 딱 1주일만 방학을 연장해 달라고 말야. 그게 사람 욕심이란다."

"아빠 말씀을 듣고 보니, 또 그럴 것 같기도 하네요."

"너, 지난번에 용돈 1만원 올려줬을 때 뭐라고 했니. 처음에는 좋다고 했지만, 얼마 안 가서 또 올려달라고 했잖아. 그렇지?"

"그야 뭐, 이래저래 돈 쓸 곳이 많아져서 그랬죠."

"사실 사람 마음은 다 똑 같단다. 아빠도 휴가가 몇일만 더 있으면 좋겠고, 엄마에게 받는 용돈도 조금 더 많았으면 좋겠어. 욕심에는 끝이 없다는 말도 있잖아. 그렇지만 이렇게 끝도 없는 인간의 욕심과는 반대로 세상 모든 일에는 모두 다 한계가 있지. 시간도, 돈도 모두 무한한 게 아니라 제한적이거든. 그래서 마음을 제대로 다스리는 게 중요하단다. 과한 욕심은 언제나 사람을 불행하게 만들거든."

이카루스의 욕망과 비극

그리스 신화에 나오는 비운의 주인공 이카루스(Icaros). 이카루스는 미지의 세계에 대한 사람들의 동경을 상징하기도 하지만 다른 한편으로는 인간의 한없는 욕망이 어떻게 한 사람의 인생을 파멸로 몰아갈 수 있는지를 그대로 보여줍니다.

그리스 신화에서 이카루스는 뛰어난 건축가이자 발명가인 다이달로스의 아들입니다. 다이달로스는 손재주가 좋기로 유명한 사람이었는데, 그 유명한 지중해 크레타섬의 미궁(미로)을 만든 사람이기도 하죠. 그런데 역설적이게도 그는 미궁을 만들도록 명령한 미노스 왕의 노여움을 사게 돼 아들 이카루스와 함께 미궁에 갇히게 되는 신세로 전락합니다.

그렇게 오랜 시간을 미궁에 갇혀 지내야했던 다이달로스와 이카루스. 다이달로스는 자신의 기막힌 손재주를 이용해 미궁을 빠져나갈 계획을 세웁니다. 육지와 바다가 모두 막혔으니 새처럼 하늘을 날아 미궁을 빠져나가, 크레타섬을 탈출하기로 한 거죠.

그렇게 마음먹은 다이달로스는 새의 깃털을 하나하나 모은 후 밀랍으로 붙여 멋진 새의 날개를 만들어 냅니다. 그리고는 아들 이카루스의 어깨에 그 멋진 날개를 달아주고, 자신도 날개를 붙여 달았습니다.

　"이카루스, 이 날개가 우리를 새처럼 날게 해 줄 거다. 그럼 우리도 예전처럼 자유의 몸으로 돌아갈 수 있단다. 그런데, 하늘로 날기 전에 꼭 명심할 게 있단다. 너무 높이 올라 태양에 가깝게 가지는 말거라. 너무 높이 날면 뜨거운 태양의 열기에 깃털을 붙인 밀랍이 녹아 날개가 떨어질 수 있으니까."

　그렇게 다이달로스는 이카루스에게 신신당부를 하고 미궁을 박차 올랐습니다. 이제 다이달로스와 이카루스 부자에게는 그렇게 꿈꿔왔던 자유가 손에 잡히는 듯 했죠. 그런데 얼마 지나지 않아 이카루스는 아버지의 말을 잊고 자꾸만 태양 가까이로 날아갑니다. 조금이라도 더 높이, 더 멀리 날아보고 싶었던 거죠. 아버지가 말했던 "태양에 너무 가까이 가면 날개가 망가져 떨어질 수 있다"는 경고는 어느새 까맣게 잊었습니다.

　결국 이카루스의 날개를 지탱했던 밀랍이 뜨거운 태양열에 녹아내리기 시작합니다. 하나 둘 깃털이 떨어져나가고 이카루스는 바다 속으로 끝도 모르게 추락했습니다. 그렇게 이카루스가 떨어져 죽은 에게해에는 그의 이름을 딴 '이카리아' 섬이 생겨났다고 합니다.

희소성이 만드는 가격

하늘로 더 높이 날고 싶었던 이카루스의 욕심처럼, 인간의 욕망은 무한합니다. 반대로 인간의 욕망을 채울 수 있는 재화와 서비스는 제한적입니다.

이렇게 무한한 욕망과 제한적인 재화와 서비스의 희소성 때문에 우리의 삶은 항상 선택을 강요받게 됩니다. 제한적인 재화와 서비스 가운데 어느 것을 우선 선택할 것인가를 결정하는 행동 하나 하나가 모여 제품의 가격이 결정되고 소비가 이뤄집니다.

경제를 움직이는 '보이지 않는 손'도 욕망과 희소성의 상충에서 비롯됩니다. 보이지 않는 손이 결정하게 되는 가격은 제한적인 공급과 무한한 수요가 만나는 점에서 결정됩니다. 욕망은 곧 재화나 서비스에 대한

욕망과 희소성

수요를 말하는데, 물건을 소비하거나 서비스를 이용하고자 하는 욕구, 이런 욕구의 총량이 바로 '수요'가 됩니다.

반대로 희소성은 공급의 특징입니다. 지구상의 모든 재화와 서비스는 제한적입니다. 끊임없는 핵융합을 통해 무한의 에너지를 제공하는 태양을 제외한 모든 에너지와 사람들의 산업 활동을 통해 제공되는 재화와 서비스. 이 모든 것들의 공급은 제한적이죠.

사람들이 가지고 싶은 욕망은 크지만 공급이 부족한 제품이나 서비스의 가격은 올라갈 수밖에 없습니다. 제품이나 서비스의 가격이 결정되는 구조는 이렇게 욕망과 희소성의 차이에서 비롯됩니다.

공급이 얼마나 제한적인 것인가를 나타내는 정도가 바로 희소성입니다. 우리가 원하는 것은 많은데, 우리가 원하는 것을 모두 만족시켜줄 수 있는 자원이 부족한 현실이 바로 희소성을 만들어 내게 됩니다. 경제문제가 발생하는 근본적인 원인 역시 희소성의 원칙에서 비롯됩니다.

세상에는 아주 공급이 제한적인 물건과 서비스가 있는 반면 공급이 아주 많은 재화와 서비스도 존재합니다. 예를 들어 다이아몬드와 같은 보석은 공급이 매우 제한적이어서, 대표적으로 희소성을 인정받는 제품이라고 할 수 있습니다. 반면 다이아몬드와 결정구조가 동일하지만 배열구조만 다른 흑연은 다이아몬드에 비해 몇만 배나 많은 공급이 가능하기 때문에 희소성이 떨어지고, 가격도 훨씬 낮게 형성되는 겁니다.

희소성은 이렇게 가격을 만드는 기본이 됩니다. '희소성'이 높은 재화나 서비스는 높은 '가치(Value)'를 인정받게 되고, 이러한 가치를 교환의 단위인 화폐로 환산하게 되면 '가격(Price)'이 됩니다. 가격은 사람들의 욕망인 수요와 재화의 희소성이라고 할 수 있는 공급의 접점에서 형성되죠. 다이아몬드의 가격과 흑연의 가격이 다른 건, 다이아몬드와 흑연에 대한 사람들의 수요는 물론 공급에서 엄청난 차이를 갖고 있기 때문입니다.

남녀관계에서도 이런 희소성의 원칙이 동합니다. 석완이네 반에서 가장 인기가 많은 지은이는, 석완이 반 모든 남자 아이들이 좋아합니다. 그런데 지은이처럼 예쁘고 상냥한 아이는 많지 않기 때문에 지은이의 콧대는 높아질 수밖에 없습니다. 지은이를 여자친구로 사귀고 싶은 남자 아이들(수요)는 많은데, 지은이를 대신할 만한 다른 여자 아이(공급)가 없기 때문에 지은이의 인기가 높아지는 건 당연하죠.

가격과 가치의 차이, 현명한 소비가 중요하죠!

그렇다면 가격과 가치는 항상 같은 걸까요? 가격은 항상 제품이나 서비스의 가치를 제대로 반영하고 있을까요?

대부분의 경우 가격은 정확한 가치를 반영하고 있지만 그렇지 않은 경우도 많습니다. 또 재화나 서비스에 대한 가치에 대해 개개인이 상대적으로 다르게 평가하는 측면도 있어 가격이 비싸다고 해서 반드시 그만한 가치가 있다고는 말할 수 없습니다. 사막을 건너야 하는 상인에게는 물건을 날라 줄 낙타의 가치가 중요하겠지만, 농사를 짓는 농부에게는 낙타보다 밭을 갈아줄 소가 더 가치 있는 존재가 됩니다. 당연히 상인은 소보다는 낙타를 더 높은 가격에 사려고 할테고, 농부는 낙타보다는 소를 사기 위해 더 많은 돈을 지불하려고 할 겁니다.

개인의 판단에 따라 가치와 가격이 같지 않은 예는 주위를 돌아보면 더 쉽게 찾아볼 수 있습니다. 매일 매일 가격이 변하는 주식시장의 '주가'를 살펴보죠. 아빠, 엄마가 여윳돈을 굴리기 위해서 가끔 주식에 투자한다는 얘기를 들어본 적이 있을 겁니다.

어떤 기업의 가치는 하루 사이에 크게 변하지 않지만 주식시장에서 거래되는 그 기업의 주가는 매일 큰 폭으로 움직입니다. 매일 매일이 아니라 초 단위로 변할 정도로 주식의 가격은 급변하지만 기업의 가치는 그렇게 빠르게 변하지 않습니다. 이 때문에 어떤 사람은 실제 기업의 가치보다 주가가 많이 떨어졌을 때 해당 기업의 주식을 샀다가, 그 기업의 가치보다 주가가 높아졌을 때 주식을 팔아 많은 돈을 벌기도 합니다. 주식투자를 하는 사람들은 모두 이렇게 똑같은 목표, 높은 가치의 기업 주식을 낮은 가격에 사서 높은 가격에 팔고 싶어 하는 겁니다.

상대적으로 가치에 대한 평가가 사람마다 다르다는 사실은 비슷한 제품의 가격이 천차만별로 책정되고 있다는 점에서도 확인할 수 있습니다. 예를 들어 엄마가 갖고 싶어 하는 해외 명품 브랜드 가방의 가격과 일반 국산 제품의 가격 차이는 많게는 100배도 더 납니다. 그렇지만 '가방'이라는 본연의 가치가 그렇게 큰 차이를 나타내는 건 아닙니다. 다만 '명품'이라는 데 높은 가치를 두는 사람에게 명품 가방은 충분한 가치가 있고, 그만한 가격이 책정된 게 맞습니다. 그러나 그렇지 않은 사람에게는 그저 비슷한 가방이 100배나 높은 가격에 거래된다는 사실이 '사치'에 불과할 뿐이죠.

무조건 가격이 비싸면 좋은 것도, 가격이 싸다고 나쁜 것도 아닙니다. 왜냐하면 상대적인 가치에 차이가 있기 때문이죠. 아주 가난한 아프리카 어느 나라의 주부에게 명품 가방은 당장 내일 가족들의 먹을거리를 책임질 수 있는 옥수수 몇 kg의 가치도 가지지 못합니다. 반면 부자 나라의 회장 사모님에게 명품 가방은 아무리 가격이 비싸더라도 그만한 가치를 갖는 셈입니다.

그러니 여러분. 항상 유명한 브랜드의 유명 제품만을 사달라고 할 게 아니라 합리적인 가격에 좋은 품질을 가진, 가치 있는 제품을 현명하게 소비하는 게 가장 중요한 것을 잊지 마세요. 무조건 비싼 걸 사달라고 아빠, 엄마에게 떼를 쓰지 말고 어떤 가치를 지닌 제품을 살 것인지를 먼저 고민하는 '똑똑한' 소비자가 돼 보자구요. 현명한 사람은 가격과 가치의 차이를 정확히 이해하고 자신의 소득과 생활에 맞는 '합리적인' 소비를 합니다.

물물교환과 화폐

서로의 이해관계가 맞아 떨어질 때, 서로가 갖지 못한 것을 바꿔 각자의 욕구를 해결하는 일을 '교환'이라고 합니다. 특히 이런 교환이 '화폐'와 같은 교환 수단 없이 재화와 재화 간에 직접 일어나는 일을 '물물교환'이라고 합니다.

물물교환은 화폐와 같은 인위적인 교환 수단을 동반하지 않습니다. 자연스레 거래에 불편함이 많죠. 예를 들어 내가 가진 것과 다른 사람이 가진 것을 어떤 비율로 교환해야 하는가에 대한 문제부터, 1:1 거래가 불가능할 때 발생하는 문제점을 들 수 있습니다.

내가 가진 물건에 대한 가치는 높게 평가하면서 상대방이 가진 물건의 가치는 낮게 평가해, 교환비율을 자신에게 유리하게 적용하려고 하는 건 인지상정입니다. 이렇게 되면 서로 바꾸려고 하는 물건의 교환비율을 정하기가 어렵게 되죠. 또 내가 가진 것과 상대방이 가지려고 하는 것에 차이가 있을 때는 교환이 이뤄질 수 없습니다. 이때는 교환 자체가 이뤄지지가 않게 되는 거죠.

이런 물물교환의 어려움은 자연스레 '실물 화폐'라는 걸 만들어 냈습니다. 소금이나 면포, 쌀, 금, 은과 같이 거의 모든 사람들에게 가치를 인정받는 도구를 이용해 거래를 중개하기 시작한 거죠. 중세 이후 주요 국가들이 법적인 가치를 갖는 화폐를 만들어 내기 전까지만 해도 이런 실물 화폐들은 사람들의 거래를 돕는 거의 유일한 수단이었습니다. 그러나 실물 화폐 역시 거래의 어려움이 많아 점차 국가와 주권의 개념이 성립되면서 국가에서 발행하는 '화폐'로 대체되게 됩니다.

화폐(money)는 교환 경제 사회에서 상품의 교환과 유통을 돕는 수단입니다. 우리가 사용하는 화폐는 국가의 법률에 의해 가치가 부여된 수단을 말하는데요, 이렇게 법적으로 사용될 수 있는 권리를 인정받는 통화라고 해서 '법정통화'라고도 합니다. 홍콩의 한 도교 사원에 가면 재물운을 가져다 준다며 소원을 비는 장소가 있는데, 마지막으로 하는 일이 바로 중국이 처음으로 지폐를 만들었을 때 사용했다는 도장을 만지고 가는 일입니다. 돈에 가치를 부여했던 도장을 만지면서 돈을 많이 벌게 해 달라고 기도하는 셈이죠.

경제상식 - 환율과 경제

법적인 가치를 인정받는 화폐는, 그 법의 효력이 미치는 국가 내에서만 가치를 가질 수 있습니다. 이렇게 되면 우리나라에서 쓰는 돈은 한국에서만, 미국에서 사용하는 달러는 미국에서만, 또 중국에서 사용하는 위안화는 중국에서만 사용할 수 있습니다. 그런데 세계 각국이 무역을 하다 보면 자연스레 각자의 돈을 서로 바꿔야만 하는 일이 생깁니다. 서로의 물건을 사고팔면서 '물물교환'만 할 수 없으니 서로의 돈에 대한 가치를 정해서, 물건에 맞는 돈을 교환하게 되는 거죠. 또 해외여행을 할 때 자기 나라 돈을 가지고 가서 다른 나라 물건을 살 수는 없는 일입니다.

이렇게 자기 나라 돈과 다른 나라 돈을 바꿔야 할 필요가 있을 때, 어떤 기준에 따라 바꿀 것인가를 보여주는 기준이 바로 '환율'입니다. 예를 들어 한국 돈 1000원을 줬을 때 미국 달러 1달러를 받을 수 있다면, '1000원 = 1달러'의 환율이 정해지는 셈이죠. 만약 우리 돈의 가치가 낮아지면 1000원이 아니라 1200원을 줘야 1달러를 살 수 있고, 반대로 우리 돈의 가치가 높아지면 800원만 줘도 1달러를 구입할 수 있습니다.

경제가 세계화되고 무역규모가 늘어나면서 환율은 세계 경제를 움직이는 가장 중요한 변수가 돼 있는데요, 특히 한국처럼 한국 안에서 이뤄지는 경제활동보다 다른 나라와의 무역을 통해 이뤄지는 경제 규모가 큰 국가에서는 환율이 다른 어떤 경제지표보다 중요합니다.

처음에는 세계 어디에서든 중요한 가치를 인정받는 '금'과 자기 나라 돈의 교환 비율을 정한 후 이걸 다시 다른 나라 돈의 비율과 비교해 환율이 정해졌습니다. 그렇지만 금은 부피가 크고 또 경제 규모가 커지는 것에 비해 무한정 증가할 수도 없어서, 세계에서 가장 믿을 수 있는 국가의 돈, 그러니까 미국의 달러화를 기준으로 환율이 정해지게 됐죠.

요즘은 미국이라는 나라도 언제든 부도가 날 수 있다는 생각이 확산되면서 달러화 대신에 새로운 경제 강국으로 등장한 중국의 위안화, 또 유럽의 유로화도 중요한 환율의 기준이 됐습니다.

부모님과 함께 "생각해 보세요!"

학교에서 돌아온 석완이가 엄마를 조르기 시작합니다. 친구 태화
가 산 멋진 브랜드 신발을 사달라는 거죠. 엄마는 몇 주 전에 새로
산 신발이 있는데, 왜 또 새 신발 타령이냐며 타박을 놓지만, 석완
이는 막무가내입니다. 비싼 신발을 사 달라는 석완이의 고집, 엄마
는 어떻게 석완이를 설득할 수 있을까요?

· 중국제 장난감이 많은 이유는?
· 나만의 '달란트'를 찾자!

함께 사는 세상

4 함께사는 세상

다음 주에는 중간고사가 예정돼 있습니다. 벌써부터 머리가 지끈거리는 게 시험 스트레스가 시작되나 봅니다. 누가 시험이라는 제도를 만들어 놔서 이렇게 사람 머리를 아프게 하는 걸까요? 벌써부터 시험 생각을 하면 한숨부터 나옵니다.

즐거운 점심시간. 옆자리에 앉은 새침데기 지은이가 오늘은 왠지 다정하게 먼저 말을 걸어옵니다. 예쁘고 공부도 잘하는 지은이는 우리 반 남학생들에게 최고 인기입니다. 그런데, 그런 지은이가 얘기를 걸어오다니, 과연 무슨 일일까요?

"석완아, 너 이번 주에 우리 집에 와서 나랑 같이 시험공부 하지 않을래?"

(어, 애가 웬일이지?)"그래? 나야 좋지. 그럼 토요일 오후에 갈까?"

"그래. 토요일 오후에 우리 같이 공부하자. 넌 국어를 잘 하니까, 국어 공부를 열심히 해 와서 나한테 좀 알려줘. 난 수학하고 과학 공부를 열심히 해 놓을테니, 수학이나 과학에서 궁금한 게 있으면 언제든 물어보라고."

"좋은 생각이다. 역시 지은이 넌 머리가 좋구나. 큭. 망신당하지 않으려면 국어 공부 더 열심히 해놔야겠다."

집으로 돌아온 석완이는 신이 나서 오늘 학교에서 있었던 일을 아빠에게 털어 놓습니다.

"아빠, 우리 반 '퀸카' 지은이가 집에 초대했어. 같이 공부하자고. 난 국어를 잘하니까 지은이한테 국어 공부를 도와주고, 지은이는 수학 시험 준비를 도와주기로 했거든요."

"그래? 지은이라는 친구는 정말 똑똑한 친구인 것 같구나. 벌써 경제의 기본인 '비교우위'의 개념을 정확히 꿰뚫고 있으니 말야?"

"비교우위요? 그게 뭔데요, 아빠?"

이제 호기심이 발동한 석완이의 질문 공세가 시작됩니다.

사자의 힘 VS 생쥐의 힘

동물의 왕 사자. 힘을 따지자면 사자를 당할 동물이 없었습니다. 또 얼마나 용맹한지, 누구도 사자의 힘과 용맹 앞에서는 꼬리를 내리고 말았답니다. 그런 동물의 왕 사자가 오늘 하루는 사냥에 나섰습니다.

"어디 가서 맛있는 토끼 한 마리 잡아야 할까? 아~ 빨리 사냥 마치고 낮잠이나 한숨 자야겠는데!"

그런데 바로 그때였습니다. 토끼 한 마리가 사자 앞을 휙~하고는 지나쳐 가는 것 아니겠어요. 토끼 사냥에 집중한 사자는 재빨리 토끼를 따라잡기 위해 몸을 날렸습니다. 그런데, 그 때. 아뿔싸! 이게 웬일인가요? 사자의 한 쪽 발이 사냥꾼이 만들어 놓은 올가미에 들어가는가

싶더니 이내 사자의 몸은 밧줄에 꽁꽁 묶여버리고 말았습니다.

힘으로 치면 누구도 사자를 당할 자가 없었지만, 올가미에 묶인 사자는 그 힘 한번 제대로 쓸 수 없었어요. 사자의 용맹함도 사냥꾼의 올가미 앞에서는 무용지물이었죠. 그때 생쥐 한 마리가 올가미에 묶인 사자 앞을 지나갑니다.

"사자님! 제가 좀 도와드릴까요?"

"뭐라고, 네 놈이 나를 도와준다고? 코딱지만한 놈이 무슨 힘이 있다고 나를 도와준다는 거냐? 흥~"

"아니요. 그렇게 저를 무시하면 안돼요. 저는 이런 밧줄 정도는 1분 안에 끊을 수 있는 날카로운 앞니가 있는 걸요."

그리고는 사자의 몸을 치렁치렁 감고 있던 올가미 동아줄을 한 가닥 한 가닥 끊어내기 시작했어요. 결국 사자는 생쥐의 도움으로 올가미에서 벗어날 수 있었고, 다시 동물의 왕으로 돌아갈 수 있었죠. 그제서야 사자는 조그만 생쥐도 자기보다 훨씬 잘하는 일이 있음을 알게 됐답니다. 올가미에서 풀려나 사냥에 성공한 사자는 자신을 어려움에서 구해준 생쥐에게도 먹을거리를 나눠줬답니다.

사자는 힘이 세고 용감합니다. 그래서 누구의 도움도 필요 없을 거라고 자만했죠. 그러나 아무리 잘난 사람이나 회사, 국가라도 뭐든지 다 잘할 수는 없습니다.

이렇게 다른 사람이나 나라와 비교해 상대적으로 더 잘할 수 있는 걸

'비교우위'라고 합니다. 반대로 상대적으로 덜 잘할 수밖에 없는 상황을 '비교열위'라고 합니다.

일반적으로 비교우위와 비교열위는 국가와 국가 사이에 일어나는 생산의 효율성 차이와 이에 따라 국가 간의 무역이 왜 필요한지를 설명할 때 사용됩니다. 사자는 사냥을 잘할 수 있는 능력을, 생쥐는 두터운 밧줄을 끊을 수 있는 능력을 가지고 있었고 서로의 강점을 이용해 교환한 셈입니다.

수학을 잘 하는 지은이가 수학을 공부해 석완이에게 가르쳐주고, 국어를 잘하는 석완이가 국어를 열심히 공부해 지은이를 가르쳐 주는 것은 서로의 능력 차이를 인정하고 이를 교환해 더 큰 성과를 만들어 내게 됩니다. 그런 원리를 잘 알고 있는 지은이는 석완이에게 서로 비교우위에 있는 부분에 집중해, 그것을 교환하자고 제안한 거죠.

중국제 장난감이 많은 이유

비교우위는 국가 간 무역이 이뤄지는 이유를 아주 명쾌하게 설명합니다. 데이빗 리카도라는 경제학자는 이 비교우위라는 개념을 처음 만들어, 왜 어떤 국가는 섬유에 특화해 생산량을 늘려 수출하고 어떤 나라는 포도를 경작해 와인을 만들어 파는지 원인을 분석했습니다.

예를 들어 산업화가 진전된 영국은 10명이 하루에 10미터 길이의 옷감을 만들어 낼 수 있습니다. 반면 날씨가 좋지 않아 포도농사가 어려웠는데 평균적으로 20명의 사람이 와인 100리터를 생산할 수 있습니다. 영국과 무역을 하는 포르투갈은 반면 20명이 하루를 꼬박 일해야 10미터 길이의 옷감을 생산할 수 있었고, 10명만 일하면 100리터의 와인을 만들 수 있었죠.

이 때 영국은 포르투갈과 비교해 옷감 생산에, 포르투갈은 영국보다 와인 생산에 비교우위를 갖습니다. 두 나라는 이 경우 비교우위에 있는 품목에 생산을 집중하고, 더 많아진 생산량을 서로 교환하면 경제적 이득을 나눠가질 수 있습니다.

영국은 와인을 생산할 20명에게 옷감을 생산하도록 해 하루에 30명이 30미터의 옷감을 생산하고, 반대로 포르투갈은 옷감을 만들던 사람들에게 와인을 만들게 해 30명이 와인 300리터를 만드는 거죠.

결국 이렇게 두 나라가 비교우위에 있는 제품에 '특화'해 옷감과 와인을 생산하면 옷감과 와인은 하루 30미터와 300리터가 됩니다. 반대로 각자 옷감과 와인을 만든다면 영국 옷감 10미터, 포르투갈 10미터를 합해 옷감은 20미터, 영국 와인 100리터와 포루트갈 와인100리터를 더한 200리터에 불과합니다. 비교우위에 있는 제품에 특화했을 때 생산량이 각각 옷감 100미터와 와인 100리터 더 많게 되는 셈입니다.

우리나라의 1위 수출 품목은 컴퓨터와 휴대폰, TV 등에 많이 사용되는 반도체입니다. 삼성전자, 하이닉스 등 세계에서 가장 경쟁력이 높은 반도체 생산업체들이 우리나라에 있기 때문입니다. 우리는 다른 나라와 비교해 비교우위에 있는 반도체 생산에 특화해 전 세계 다른 나라로 수출합니다.

　이렇게 비교우위에 있는 제품을 수출해 벌어들인 외화로 우리는 비교열위에 있는 제품을 외국에서 수입합니다. 대표적인 게 여러분들이 많이 사는 어린이용 장난감입니다. 아마 여러분들이 가지고 있는 장난감을 조금만 관심 있게 살펴봤다면 'Made in China'라는 문구를 찾았을 겁니다. 인건비가 싼 중국은 사람 손이 많이 들어가는 경공업 제품 생산에 비교우위를 가지고 있어 장난감이나 섬유 같은 제품에 특화해 이를 다른 나라로 수출하고, 이렇게 벌어들인 돈으로 반도체 같은 제품을 우리나라에서 사가는 거죠.

함께 사는 세상

나만의 '달란트'를 찾아라!

국가 사이에만 비교우위가 있는 건 아닙니다. 우리들은 누구나 다른 사람들보다 잘 할 수 있는 '달란트(Talent)'를 가지고 있습니다.

달란트는 원래 옛날 유대인들의 질량과 화폐 단위로 사용됐던 용어인데, 후에 영어 단어' Talent'로 바뀌면서 타고난 재능과 소명을 뜻하는 말로 변하게 됩니다. TV 드라마에 나오는 사람을 말하는 탤런트는 이렇게 '재능'을 타고 난 사람들을 가리키게 된 겁니다.

자신만의 달란트를 찾아 이를 잘 개발하는 건 정말 중요합니다. 내가 옆에 있는 친구보다 공부를 못한다고, 아니면 운동을 못한다고 너무 자책할 필요는 없습니다. 분명 다른 친구들보다 잘할 수 있는 자신만의 '달란트'가 있을 겁니다. 사람과 사람을 직접 비교한다는 건 어려운 일이지만 이렇게 자신의 달란트는 경제적인 개념의 비교우위와 같은 개념입니다. 내가 잘 할 수 있는 것을 찾아 그쪽에 집중하면 다른 누구도 가질 수 없는 자신만의 매력을 만들어 갈 수 있습니다.

'옥동자'로 유명한 개그맨 정종철 아저씨를 잘 알고 있죠? 작은 키에 못생긴 얼굴. 공부를 잘하는 것도, 그렇다고 운동을 잘하는 아이도 아니었던 종철이 아저씨지만, 아저씨에게도 자신만의 달란트가 있었답니다. 바로 주변에서 나오는 소리를 똑같이 따라할 수 있는 '개인기'였죠. 아무 도구 없이도 지하철 소리, 차 소리, 바람소리 등을 똑같이 따라할 수 있는 아저씨의 달란트는 친구들을 아저씨에게 한 걸음 더 가까이 다가올 수 있게 하는 재능이었습니다. 또 그 달란트를 바탕으로 아저씨는 다른 사람들을 재밌게 하고, 웃게 만들 수 있었죠.

탤런트가 타고난 재능이라고는 하지만, 자신의 달란트는 자신의 노력에 따라 충분히 개발을 할 수도 있습니다. 선천적으로 타고 나는 것만은 아닙니다. 얼마든지 자신의 노력에 따라 개발할 수도 있어요.

우리나라에서 제일 축구를 잘 하는 박지성 형은 작은 키에, 축구 선수를 하기에는 어려운 평발에 작은 키를 가졌지만 피나는 노력으로 국가대표를 넘어 잉글랜드 맨체스터 유나이티드의 주전이 될 수 있었습니다.

64 여러분도 '나는 왜 이렇게 잘하는 게 없을까' 고민만 할 일이 아닙니다. 아직 자신이 잘하는 일을 찾지 못했을 뿐이니까요. 구름에 가려 태양이 보이지 않을 때가 있지만 구름이 걷히면 태양은 다시 빛을 발하게 마련입니다. 언젠가 자신만의 달란트가 빛을 발하는 때가 분명 있을 겁니다. 설령, 달란트가 조금 부족하더라도 지성이 형처럼 열심히 노력해 보세요. 그럼 타고난 달란트보다도 훨씬 더 빛을 발하는 달란트가 나올 거예요.

따로 또 같이

분업과 아웃소싱

분업은 현대 자본주의 사회의 가장 큰 특징 가운데 하나로 꼽힙니다. 말 그대로 업무를 분야별로 잘게 쪼개서 업무를 배분하면, 전문성이 높아지고 이를 통해 더 효율적인 기업 경영이 가능해 집니다.

대청소의 경우를 생각해 보면 쉽게 이해가 될 겁니다. 담임선생님이 한 반 친구 모두에게 "오늘은 대청소가 있으니까, 모두 청소 열심히 하세요"라고 말하는 것보다 "1분단은 창문 닦기를 맡고, 2분단은 교실 청소, 3분단은 복도 청소를 담당해 청소하세요"라고 말하는 게 훨씬 더 청소 시간을 줄이고, 또 깨끗하게 할 수 있게 합니다. 이렇게 일을 쪼개 나눠서 일하게 하면, 분업화를 통해 사람들의 전문성이 높아지고 또 자신이 맡은 업무에 대한 책임감도 커져 맡은 일을 더 열심히 하게 돼 효율성이 높아집니다.

근대 경제학의 기초를 다진 아담 스미스는 핀을 만드는 공장의 예를 들어 분업의 효과를 소개했습니다. 한 사람이 핀을 만드는 필요한 모든 공정을 맡게 되면 하루에 5개의 핀을 만들기도 힘들지만, 공정을 여러 단계로 나눠 많은 사람이 맡은 일만 하는 방식으로 생산 방법을 바꾸면 한 사람이 하루에 10개 이상의 핀을 만들 수도 있다는 게 스미스의 설명입니다. 실제 산업혁명 이후 많은 기업들은 분업을 도입하면서 비용

65

은 줄이고 생산량은 크게 늘릴 수 있었습니다. 분업은 '전문화'라고도 하는데, 이 같은 전문화는 경제가 발전하면서 갈수록 세분화되는 추세입니다.

사실 분업은 산업화 시대 이전에도 존재해 왔고, 어쩌면 인류가 탄생한 이후 가장 먼저, 자연스레 도입한 경제적 개념일 수도 있습니다. 채집과 농경생활이 중심이 됐던 과거에는, 남성은 육체적인 노동을 바탕으로 한 생산 활동을 도맡았고 여성은 출산과 육아를 담당하게 됐습니다. '성적(性的)' 분업이 자연스레 이뤄진 셈이죠.

분업이 조금 더 확장된 개념이 '아웃소싱(outsourcing)'입니다. 분업은 일반적으로 한 기업 내에서 업무가 나뉘는 경우를 말하지만, 아웃소싱은 기업 간 경계를 뛰어 넘는 개념입니다. 분업의 개념이 확대되면서, 한 기업은 자신이 가장 잘할 수 있는 분야에만 집중하고, 자신의 핵심 사업이 아닌 분야에 대해서는 다른 기업의 핵심 역량을 이용하는 겁니다. '기업의 외부(out)'에서 필요한 물건이나 서비스를 '조달(sourcing)'한다는 의미가 바로 아웃소싱인 셈입니다. 자동차를 만드는 데는 2만 여개 이상의 부품이 필요하지만, 이 부품을 모두 자동차회사가 만드는 게 아니라, 많은 협력업체를 통해 조달 받는 부품을 조립해 자동차 한 대가 만들어지는 것도 이런 아웃소싱의 결과입니다.

경제상식 - 자유무역과 보호무역

무역은 국경을 넘어서 국가와 국가 사이에 이뤄지는 모든 상거래를 일컫는 말입니다. 무역은 기본적으로 각 나라에서 생산되는 제품의 가격에 차이가 있기 때문에 이뤄지게 되는데, 경제학에서는 무역을 통해 모든 나라는 많은 경제적 이득을 얻게 된다고 증명하고 있습니다. 무역은 분업을 통한 생산 증가, 원자재의 효율적 활용, 규모의 경제 등을 가능하게 해 생산 단가는 낮추고, 소비의 이익은 키웁니다.

국가 간 상거래인 무역에는 한 국가 내에서 이뤄지는 상거래와는 다른 여러 특징이 있습니다. 가장 중요한 차이는 국경, 나라의 경계를 넘어설 때 발생하는 관세입니다. 관세는 국가 간 교역이 이뤄지는 물품에 대해 매겨지는 '세금'을 말하는데, 정부는 자국의 산업 보호와 세수 확보 등 여러 이유로 관세를 부과하고 있습니다. 관세 외에도 각국 정부는 자국의 산업 보호나 안보 등의 이유로 무역에 다양한 제한 장치를 마련해 두고 있습니다.

무역은 크게 보호무역과 자유무역으로 나뉩니다. 보호무역은, 말 그대로 정부가 자국의 산업과 국민 경제를 보호하기 위해 자유로운 무역이 이뤄지는 것에 여러 제한을 두는 정책입니다. 무역이 궁극적으로 경제적인 부가가치를 증가시키는 만큼, 아무런 제약 없이 자유롭게 이뤄지도록 하자는 자유무역과 반대되는 개념입니다. 그러나 현실적으로 세계의 모든 국가는 완전한 자유무역, 100%의 보호무역 정책을 고수하지는 못합니다.

자유무역은 국가간의 자유로운 교역이 경제적으로 자국 뿐 아니라 세계 경제 발전에도 도움이 되기 때문에, 자유로운 교역을 막는 관세와 수입제한, 환율 관리 등과 같은 통제를 없애야 한다고 주장합니다. 실제 세계 경제는 2차 세계대전 이후 관세 인하 등을 통한 무역 자유화를 꾸준히 추진해 왔고, 자유무역협정(FTA)을 확대하면서 자유무역을 확장해 왔습니다.

반면 보호무역은 자유무역의 이론적인 '허점'을 파고들며 많은 개발도상국가들이 채택해 왔습니다. 경제발전이 선진국에 비해 낮은 후진국의 경우, 자유무역을 그대로 도입하면 자국의 산업은 선진국에 종속될 수밖에 없습니다. 미처 산업이 발전하고 기업이 터전을 닦기도 전에 이미 경쟁력을 가진 선진 기업들에 안방을 내주게 되죠. 이런 자유무역의 부작용을 막아 자국의 산업을 보호하고, 이를 통해 국가 경제 발전을 앞당기자는 게 보호무역의 논리입니다.

사실 보호무역과 자유무역의 오늘날까지도, 어떤 정책이 최선이라고 답할 수 없을 정도로 많은 논쟁을 낳고 있습니다. 실제 특정 국가, 시기, 산업의 발전 정도에 따라 정답은 달라질 수도 있다는 게 많은 경제학자들의 연구결과이기도 합니다. 정답이 정해져 있는 게 아니라 상황에 맞는 정책 조합을 만들어 내야 한다는 거죠. 예를 들어, 한국은 1990년대까지 자동차, 중화학 분야에서 보호무역 정책을 통해 한국 기업의 성장 발판을 마련했습니다. 높은 관세와 수입제한 조치로 선진국 기업이 쉽게 한국 시장에 진출하지 못하도록 한 거죠. 반면 최근에는 여러 나라와 자유무역협정(FTA)을 체결하며 자유무역을 지향하고 있습니다. 물론 농축산물과 같이 한국의 경쟁력이 약한 분야에 대해서는 여전히 많은 무역 제한 조치를 유치하고 있습니다. 이렇게 각 국가의 무역 정책은 시대 상황과 경제적 환경에 따라 달라지게 됩니다.

부모님과 함께 "생각해 보세요!"

다음 주에는 반 대항 축구대회가 있습니다. 석완이네 반 친구들도 벌써부터 축구대회 준비에 들어갔습니다. 그런데 어떤 친구가, 어떤 포지션에 뛸지를 두고 친구들간에 목소리가 커졌습니다. 어떻게 해결할 수 있을까요? 달리기를 잘 해 공을 잘 모는 상철이와 누구보다 차분하게 상황에 잘 대처하는 태화. 덩치가 크고 동작이 날쌘 민철이. 헤딩을 잘하는 택성이. 자기 적성과 능력에 잘 맞는 포지션에서 뛰어야 석완이네 반이 좋은 성적을 거둘 수 있겠죠?

· 개미와 배짱이가 함께 살아야 하는 이유
· 스크루지가 눈물 흘린 까닭은?

세상을 더 따뜻하게

05 세상을 더 따뜻하게

한 달에 한 번 있는 아빠의 '가정교육' 시간입니다. 항상 재밌는 과학 실험과 역사 얘기를 해줬던 아빠. 오늘은 어떤 얘기를 해주실까요? 엄마의 잔소리에 한 달에 한 번으로 정해진 '가정교육' 시간이지만 아빠도 은근히 좋아하시는 것 같아요. 지난달에 아빠가 준비해서 알려준 '세계의 탐험가' 얘기는 얼마나 재밌었는지 몰라요. 또 직접 '치약으로 가는 배'를 만들었던 기억도 새롭습니다.

"아빠, 오늘은 어떤 걸 할 거예요. 다음번에는 제 친구도 집에 와서 같이 하면 좋겠어요. 역시 우리 아빠가 최고인 것 같아요."

"음. 석완이 기대가 큰가 보구나. 오늘은 좀 무거운 주제인데. 아빠가 인터넷에서 보여줄 게 있단다."

아빠는 인터넷에서 준비한 동영상 자료를 찾았습니다. 동영상에는 석완과 지은이 보다도 어린 네팔 여자 아이가 정으로 돌을 깨고 있었습니다. 네팔에서도 가장 가난한 사람들이 모인 마을에 사는 그 아이는 해가 뜨기도 전부터 돌 깨는 일을 시작해 하루 종일 그 일을 하고 있었어요. 그렇게 해서 버는 돈이 고작 하루에 1,000원. 아이의 손은 정에 찢기고 돌에 깨져 성한 곳이 하나도 없었어요. 그렇게라도 돈을 벌어야 먹을 걸 챙길 수 있다니, 소녀는 돌 깨는 일을 안 할 수가 없었습니다.

"아빠, 저렇게 어린 나이부터 일해야 하는 아이들이 정말 불쌍해요."

동영상을 본 석완이와 지은이의 눈이 어느새 빨갛게 충혈 돼 있었습니다.

"이렇게 세상에는 우리보다 못 사는 사람들이 훨씬 더 많단다. 우리나라에도 점심을 챙겨 먹기 어려운 아이들이 많다는 거, 알고 있지?"

오늘 아빠의 수업 주제는 '나눔과 기부'였던 겁니다. 사회적으로 힘들고 어려운 처지에 있는 사람들, 왜 우리 사회에 나눔과 기부가 필요한지에 대해 아빠는 차근 차근 설명해 주었어요. 그리고 그 사람들을 돕기 위해 자발적으로 일하는 조직들에 대해서도 알려 주었죠.

"아빠, 그럼 우리들도 용돈을 다 쓸 게 아니라 그걸 아껴서 어려운 친구들을 돕는 데 기부해야겠어요?"

"오! 석완아, 지은아. 아빠의 교육이 오늘 제대로 됐나 보구나. 너희들이 그런 생각을 하게 됐다니 말야. 좋았어. 그럼 우리 모두 자선단체인 월드비전에 회원 가입할까?"

"좋아요. 저는 이제 용돈의 10%, 아니 10%는 너무 많다. 히~ 5%는 꼭 저보다 못한 사람들을 위해 쓰도록 할게요."

개미와 배짱이가 함께 사는 세상

개미와 배짱이의 얘기는 너무 유명해 따로 설명이 필요 없을 정도입니다. 겨울에 대비해 여름 내내 열심히 일했던 개미는 풍족한 겨울을

세상을 더 따뜻하게

날 수 있었지만 여름 내내 놀기만 했던 배짱이는 겨울이 오자 추위와 배고픔에 떨 수밖에 없었습니다.

그런데 그때 개미들은 어려움에 처한 배짱이를 도왔습니다. 추위와 배고픔에 지칠대로 지친 배짱이에게, 개미는 자신들이 여름내 준비한 양식을 나눠주었고, 따뜻한 쉼터까지 제공해 줬습니다.

길고 긴 겨울이 지나고, 다시 봄이 왔습니다. 추운 겨울을 함께 난 개미와 배짱이는 둘도 없는 친구가 됐고, 개미는 또 열심히 일을 했습니다.

배짱이는 그렇게 열심히 일하는 개미들을 위해 즐거운 노래를 불러주었죠. 추운 겨울, 자신을 위해 먹을 것과 쉴 곳을 마련해 준 개미의 은혜에 보답하기 위해서였죠. 흥겨운 배짱이의 노래 소리에 힘이 난 개미는 더 열심히, 더 많은 땀을 흘렸지만 힘은 하나도 들지 않았어요. 그렇게 개미와 배짱이는 서로 도와가며 더 풍요롭고, 더 행복한 겨울나기를 준비할 수 있었습니다.

그런데 만약, 매서운 겨울바람과 굶주림에 지쳐있던 배짱이를 개미가 외면했다면 결과는 어땠을까요? 분명 배짱이는 가엾은 '성냥팔이 소녀'의 운명을 피해가지 못했을 테고, 개미는 혼자 살아남았겠지만 배짱이 없는 세상은 그리 재밌지 않았을 겁니다. 혼자 맞는 봄바람과 햇살도, 배짱이와 함께 했을 때보다는 훨씬 즐겁지 못했을 거고요. 개미는, 그렇게 어려움에 처한 배짱이를 도와주면서 자신도 행복하고, 배짱

73

경제야 놀자

이도 행복할 수 있는 길을 택한 셈입니다. 이렇게 나눔을 통해 자신도, 또 세상도 더 행복해 질 수 있습니다.

저축만 하면 다 죽는다? 저축이 역설

스쿠루지들만 모여 사는 세상은 어떨까요? 돈을 아끼고, 모으는 데만 집중하는 사람들만 있다면 개인은 부자가 될수 있다고 생각할지 모르지만 사회 전체적인 부(富)는 오히려 줄어듭니다. 아무도 적정 수준의 씀씀이, 소비를 유지하지 않는다면 모든 제품이나 서비스의 가격은 하락할 수밖에 없기 때문이죠. 경제 원리는 소비를 하는 사람도, 생산을 하는 사람도 적정한 균형점에 도달해 있을 때만 작동을 합니다. 소비가 없는 세상은 곧 생산의 저하를 가져오고, 결국 경제는 심각한 불황에 빠져들게 됩니다.

이렇게 모든 사람들이 저축만 할 때 사회 전체적인 부가 줄어들게 되는 일을 '저축의 역설(패러독스)'라고 합니다. 경제 주체 개별적으로는 적정한 경제생활을 하고 있을지 모르지만, 전체적으로는 마이너스로 작용하게 되는 경우가 발생합니다. 자신의 소득에 비해 훨씬 더 많은 소비를 일삼는 과소비도 문제지만 과저축도 문제가 됩니다.

2008년 발생했던 세계 금융시장의 위기는 미국 금융회사들의 부실에서 비롯됐지만 근본적인 문제까지 들어가 보면 미국 국민들의 과소비가 자리 잡고 있습니다. 미국 사람들은 중국에서 값싼 제품들이 대거 수입되기 시작하자 소비를 큰 폭으로 늘렸고, 저축을 줄였습니다. 대신 빚을 내서 앞 다퉈 집을 사기 시작했는데, 집값이 하락하자 빚을 내 집을 산 사람들이 돈을 빌려준 은행들에 돈을 제때 갚지 못하게 됐습니다. 빌려준 돈을 돌려받지 못한 은행들은 하나 둘씩 경영에 어려움을 겪게 됐고, 일부 은행들은 망하기도 했습니다. 이렇게 경제 시스템 내에서의 과소비는 위기를 초래합니다.

반대로 경제 위기를 겪은 미국 사람들이 위기 극복 과정에서는 소비를 큰 폭으로 줄이기 시작했습니다. 소비를 줄인 대신 저축을 대폭 늘리게 된 거죠. 세계에서 가장 많은 소비를 하고 있는 미국 사람들이 소비를 대폭 줄이고 저축을 많이 하기 시작하면서 세계 경제에는 새로운 문제가 발생했습니다. 바로 소비가 위축되면서 생산이 함께 줄어들기 시작한 거죠. 특히 미국 시장에 많은 물건을 수출해 왔던 중국기업들이 큰 어려움을 겪게 됐습니다.

이렇게 일시에 소비가 큰 폭으로 줄어들게 되면 수요와 공급의 원리에 의해 제품이나 서비스 가격이 하락하고, 기업들은 물건을 만들어도 팔지 못하는 상황에 도달하게 됩니다. 위기에서

75

경제야 놀자

벗어나 경제가 회복될 것으로 기대한 세계 경제는, 이런 소비 위축 때문에 쉽게 위기를 극복하지 못하게 됐습니다. 바로 '저축의 역설'에 빠져들게 된 셈이죠.

스크루지의 눈물

영국인 소설가 찰스 디킨스가 쓴 '크리스마스 캐럴'의 주인공은 스크루지입니다. 수전노 스크루지는 가난한 조카 프레드가 크리스마스이브 저녁 식사에 초대했지만 "바보 같은 짓"이라며 거절합니다.

가족들과의 따뜻한 저녁 식사도 마다하고 캄캄하고 싸늘한 거실에 앉아 있던 스크루지. 그런 스크루지가 그날 밤 꿈속에 본 것은 자신의 행복했던 어린 시절, 언제부터인가 주변 사람들과 멀어지기 시작해 외톨이가 된 현재, 그리고 사람들에게 비난과 무시의 대상이 된 비참한 미래였습니다.

문학에 파묻혀 시간 가는 줄 몰랐던 천진한 어린 시절. 정 많은 누이동생과 보낸 즐거운 한때. 과거의 그는 지금의 스크루지와는 완전히 다른 모습이었습니다. 자신의 묘비에 쓰인 수전노 스크루지에 대한 사람들의 냉대와 멸시는 자신을 돌아보게 하는 계기가 됐습니다. 그렇게 자신의 모습에 괴로워하던 스크루지는 "모든 것을 되찾고 싶다"며 흐느끼고 반성합니다. 마치 '나 다시 돌아갈래'를 외치며 절규하던 영화 속 주인공처럼 말이죠.

세상을 더 따뜻하게

크리스마스 아침. 스크루지에게는 완전히 다른 새로운 세상이 펼쳐져 있었습니다. 그는 어제의 스크루지가 아니었습니다. 조카 프레드와 가족, 이웃과 함께 행복해지는 법을 깨닫게 된 거죠. 실제 스크루지는 크리스마스이브 이후로 주위 사람들과 소통하는 법을 배웠고 나눔을 통해서 하루하루가 행복해진 자신을 만났습니다. 그렇게 혼자만 잘 살면 된다던 생각에서 벗어나 '남을 돕는 데, 내가 행복해 지는 법'을 깨닫게 된 거죠.

아무리 잘난 사람이라고 해도 혼자 살 수는 없습니다. 한자에서 사람 인(人)자는 서로 의지하며 살아가는 존재들이라고 해서 서로 기댄 모습을 본떠 만들어졌다고 합니다. 인간(人間)은 그렇게 사람과 사람 사이에 있는 우리의 모습을 설명한 단어죠. 인간은 그렇게 혼자서 사는 고독한 존재가 아니라 함께 사는 공생의 존재입니다.

헬퍼스 하이(Helper's high)

혹시 여러분은 '러너스 하이(Runner's high)'라는 말을 들어본 적이 있나요? 가끔, 마라톤이나 오래달리기가 취미인 사람들을 보면서 '저렇게 힘든데 왜 그렇게 열심히 뛰고 달리는지 모르겠다'는 의문을 가져본 적은 있을 겁니다. 그렇지만 정작 뛰는 사람들은 일정 정도 뛰는 시간이 지나고 난 뒤에는 자신의 몸이 가벼워지면서, 기분이 정말 좋아지는 현상을 경험하게 된다고 해요. 고통이 아니라 희열 속에서 한 걸음, 한 걸음이 자동적으로 내디뎌지는 거죠. 이런 심리적 현상을 '러너스 하이'라고 하는데, 마라톤 뿐 아니라 지속적인 운동을 통해 얻게 되는 정신적 희열과 기쁨을 표현하는 말입니다.

러너스 하이는 미국의 심리학자 A. J 맨델이 처음 논문을 통해 발표했습니다. 우리 인체는 육체적인 스트레스가 누적되면, 이 스트레스에 적응하고 이를 이겨내기 위해 중추신경계에서 화학적 전달물질을 만들어 내게 됩니다. 바로 이 성분이 뇌에 전달돼 육체적 피로를 희열과 기쁨으로 변화시키게 되는 거죠. 힘든 운동을 하면서도 힘들지 않은 이유는 이렇게 우리 인체의 비밀에 숨어 있습니다.

러너스 하이에 빗대 '헬퍼스 하이(Helper's High)'라는 말이 생겨났습니다. 봉사 활동을 하거나 어려운 사람들을 위해 일할 때 느끼게 되는 심리적 행복 상태가 바로 헬퍼스 하이입니다. 이런 심리적 행복감은 러너스 하이보다 훨씬 더 높을 뿐 아니라 지속 기간도 오래 유지됩니다. 봉사를 통해 얻을 수 있는 희열과 행복감은 뇌의 엔돌핀을 증가시켜 다른 어떤 것보다 심리적인 풍요를 가져다 줍니다.

실제 '선행의 치유력'이라는 책을 쓴 앨런 룩스가 자원 봉사자들을 대상으로 심리적 행복감을 조사한 결과, 응답자의 95%가 봉사를 통해 자긍심과 심리적 안정, 평안, 행복을 경험했다고 합니다. 봉사는 다른 사람들을 도울 수 있어 좋은 일이지만 동시에 자신을 돕는 일이라는 사실이 증명된 셈이죠. '남을 돕는 일인데 내가 더 행복해 집니다'라는 유명한 광고 카피가 거짓말은 아닌 듯합니다.

더불어 사는 삶

여러분의 종교가 무엇이든 신은 우리에게 조화로운 삶을 가르칩니다. 갈등과 전쟁, 증오가 아니라 화해와 평화, 사랑을 강조하는 동시에 그렇게 살아가도록 인도하죠. 기독교의 사랑과 불교의 자비, 이슬람교의 '라흐만(사랑, 자비)'은 서로 명칭만 다를 뿐 주위 사람들에 대한 관심과 연민을 바탕에 두고 있습니다. 사람은 본래 태어나기를 선한 마음을 가지고 태어난다는 유교의 '성선설(性善說)' 역시 선천적인 사람의 품성이 기본에 있습니다. 우리에게 이기적인 마음과 행동을 가르치거나 강요하는 종교와 철학은 없습니다.

수많은 종류의 꽃과 나무, 동물들이 지구를 구성하고 있는 것처럼 우리 사회는 서로 다른 너와 내가 조화를 이루며 살아갑니다. 그 중에는 나보다 높은 위치에 있는 사람이 있는 반면 나보다 훨씬 더 못한 위치에 있는 사람도 있죠. 그렇게 외모는 물론 성별과 나이, 종교, 학력, 언어, 문화 등이 모두 다른 70억 인구가 지구촌에는 살고 있습니다. 다른 사람들과 나의 '차이'는 인정하더라도 '차별'은 없어야겠죠.

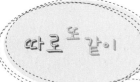

마더 테레사 효과 (Mother Theresa Effect)

테레사 수녀는 인도 콜카타에서 평생을 가난하고 병든 사람을 위해 봉사하며 살다 돌아가셨습니다. 1910년 마케도니아공화국에서 태어난 테레사 수녀는 "가장 가난한 사람들을 위해 일하라"는 하느님의 계시를 받고 1950년 '사랑의 선교 수녀회'를 설립했습니다. 이후 빈민과 고아, 나병 환자 등 가장 어려운 위치에 있는 사람들을 돕는 데 일생을 바쳤죠. 평생 동안 봉사와 희생의 삶을 실천하면서 살았기 때문에, 생전에 있을 때부터 '빈자의 성녀'로 추앙받아 왔습니다. 테레사 수녀의 이름 앞에 붙는 '마더(Mother)'라는 수식어는 그녀의 도움을 받은 빈민들이 붙여준 이름입니다. 1979년, 테레사 수녀는 고아와 빈민, 전 인류에 대한 사랑과 봉사를 인정받아 노벨 평화상을 받기도 했습니다. 1997년 테레사 수녀가 숨을 거뒀을 때, 인도 정부는 테레사 수녀의 죽음을 슬퍼하며 국가 애도 기간을 정하고 국장을 치렀습니다. 테레사 수녀가 일했던 곳에는 아직도 이런 문구가 남아 있다고 합니다.

"만약 그대가 두 개의 빵을 갖고 있다면 하나는 가난한 사람에게 주고, 다른 하나는 팔아 히야신스 꽃을 사세요. 그대의 영혼을 사랑으로 가득 채우기 위해~"

세상을 더 따뜻하게

다른 사람을 돕고 봉사하는 일을 보는 것만으로도 인간의 면역 기능은 강화되는 효과가 생겨난다고 합니다. '마더 테레사 효과'라는 말은 이렇게 남을 돕는 활동을 통해 인간에게 일어나는 정신적, 육체적 변화를 표현한 말이죠.

실제로 하버드 의대 연구진이 돈을 받고 일하는 사람과 자원봉사를 하는 사람들을 대상으로 체내 면역 기능 변화를 조사한 적이 있는데, 아무 조건 없이 봉사활동을 펼친 사람들에게는 면역 효과가 생기면서, 그렇지 않은 사람보다 훨씬 더 건강해졌고 더 행복감을 느꼈다고 합니다. 심지어 마더 테레사의 봉사 활동을 담은 전기를 읽거나 사진만 보고 있어도 인체의 면역 능력과 행복감이 더 커졌답니다. 이를 두고 연구진은 '테레사 효과'라는 공식 명칭을 붙였습니다.

81

경제 상식 - 저축과 투자

저축과 투자. 같은 듯 다른 두 말의 차이를 쉽게 설명할 수 있는 사람은 많지 않습니다. 실제 대학생 형, 누나를 대상으로 저축과 투자 개념의 차이를 평가해 본 결과, 평균 점수가 불과 59점에 머물렀다는 조사 결과도 있습니다.

그럼 과연 저축과 투자의 차이를 가장 잘 설명하고 이해할 수 있는 방법은 뭘까요. 바로 '위험'과 '수익'의 개념에 익숙해지는 겁니다. 위험과 수익의 정도에 따라, 돈을 모으는 방법은 저축이 될 수도 있고, 투자가 될 수도 있습니다.

저축은 수익을 희생하는 대신 위험을 줄이는 데 중점을 두고 있습니다. 자신이 가진 원금을 보전하는 것을 기본으로, 원금 보전 외에 이미 주어진 수준의 수익만을 추구한다는 데 가장 큰 특징이 있습니다.

가장 대표적인 저축 방법은 은행 예금입니다. 예금은 자신이 저축한 돈에 대해서는 원금을 안전하게 보장해 줍니다. 대신 미리 정해진 이자율에 따라 받는 이자 외에는 더 이상의 수익을 거둘 수 없습니다. 주어진 이자율은 시중에서 결정되는 최소 수준의 수익에 불과한 수준이지만 원금을 보전하는 게 중요하다고 생각하는 사람들은 예금을 선택하게 됩니다.

예금은 특히 정부가 '예금자보호법'을 통해 원리금을 일정 수준까지 보장해 줍니다. 최악의 경우 은행도 망할 수 있다는 것을 전제로, 만약 은행이 망해 여러분의 저축금액을 돌려줄 수 없다고 하더라도 정부가 대신 돌려주겠다는 약속을 하고 있는 셈이죠. 실제 IMF 외환위기 당시 한국의 여러 은행들이 도산하기도 했지만, 예금은 모두 보장받을 수 있었습니다. 현재 우리 정부는 예금자보호법을 통해 예금과 이자를 합해 1인당 5000만원까지 보장해 줍니다.

반대로 투자는 높은 수익을 위해 위험을 감수합니다. 저축과 달리 위험을 높여서라도 수익을 조금이라도 더 높게 얻겠다는 데 가장 큰 목적이 있습니다. 자신이 투자한 상품의 가격 변동에 따라 원금이 줄어들 수 있는 위험이 있지만, 만약 자신이 생각한대로 가격이 상승한다면 높은 시세 차익이라고 불리는 '수익'을 얻을 수도 있죠.

가장 대표적인 투자 방법은 주식입니다. 기업의 주가는 매일 매일 변동할 수 있는데, 싸게 사서 비싸게 팔면 높은 수익을 얻을 수 있지만 반대인 경우에는 원금이 크게 줄어들 수 있습니다. 기업이 다른 사람의 돈을 빌려 쓰기 위해 발행하는 채권도 마찬가지입니다. 채권값은 주식 가격에 비해 변동 폭이 훨씬 적기는 하지만 역시 시시각각 변합니다. 심지어 채권을 통해 돈을 빌려간 기업이 망할 경우, 채권은 그저 휴지 조각이 될 수도 있습니다. 이렇게 되면 원금은 모두 날릴 수도 있는 겨죠. 부동산을 사는 것도 투자의 한 방법입니다. 부동산 가격도 항상 일정한 것이 아니라 변하기 때문이죠.

저축과 투자를 구분하는 두 개념, 위험과 수익률은 항상 비례 관계(High Risk, High Return! Low Risk, Low Return!)에 있습니다. 은행 저축처럼 원금 손실의 위험이 낮으면 수익률도 낮을 수밖에 없습니다. 반대로 주식 투자처럼 위험이 높으면 수익률도 높을 수 있습니다.

저축과 투자 가운데 어떤 것을 택할 것인가는 자금의 성격과 위험 수준, 기대 수익률 수준에 따라 달라집니다. 원금을 지켜야 하는 욕구가 클 경우, 기대 수익률을 조금 낮춰 위험을 줄여야 합니다. 반대로 원금 손실 위험을 감수하고라도 수익률을 높이려고 하는 수요도 있습니다. 이렇게 자금을 운용할 때, 저축과 투자의 차이를 이해하고 수익과 위험의 관계를 명심한다면 현명한 경제생활을 하는 데 한 걸음 더 가까이 갈 수 있습니다.

부모님과 함께 "생각해 보세요!"

이번 방학에 석완이는 사회복지시설인 '음성 꽃동네'에 봉사활동을 다녀왔습니다. 음성꽃동네는 오갈 곳 없는 부랑인과 심신 장애인들을 위해 설립된 복지시설이죠.

처음에는 장애인들에게 다가가는 게 쉽지 않았죠. 그런데 몇 시간 함께 어울리고, 자신의 조그만 도움에도 해맑게 웃고 감사해 하는 친구들을 보니 마음 한켠이 따뜻해지기 시작했습니다. 자기보다 어려운 사람을 도울 수 있다는 생각에 행복했습니다. 또 어려운 이웃들과 함께 잘 사는 세상을 만들고 싶다는 생각도 들었죠. 다른 사람들과 함께 잘 사는 세상,

우리는 어떻게 만들어 갈 수 있을까요?

· 공중화장실에 휴지가 잘 떨어지는 이유는?
· '통큰 치킨'과 '보이는 손'의 관계

이기심이 만든 비극

6 이기적인 개인과 북극곰의 눈물

커다란 북극 빙산이 무너져 내립니다. 부서지는 빙산 조각에 하얗게 일어나는 거품과 귀를 찢는 굉음. 무너져 내린 빙산 위로 느릿느릿 북극곰 한 마리가 지나갑니다. 그렇게 북극곰은 떨어져나간 빙산 조각을 물끄러미 바라보며 새로운 곳을 찾아 길을 떠납니다. 엄마 곰을 따라나선 아기 곰 두 마리가 졸망졸망 뒤를 쫓습니다. 아기 곰이 엄마 곰처럼 컸을 때, 아기 곰들이 살아나갈 빙산은 과연 얼마나 남아 있을까요? TV 화면 속 녹아내리는 북극의 빙산을 지켜보던 석완이의 얼굴도 일그러집니다.

"아빠, 북극 빙하가 계속 녹아내리면 결국 북극곰도 멸종되는 거예요?"

"빙하가 다 녹아내린다면.. 그렇게 되겠지? 동물원에서나 볼 수 있지 않을까?"

"그런데 빙하가 이렇게 녹아내리는 이유가 지구가 계속 뜨거워지기 때문이라는데, 지구는 왜 자꾸 뜨거워지는 거예요?"

"지구가 계속 더워지는 걸 지구온난화라고 하는데, 한 마디로 세계 각국이 오염물질을 너무 많이 배출하고 있기 때문이란다. 지구상의 환경오염이 심해지면서 지구가 계속 따뜻해지는 거지."

　요즘 들어 부쩍 석완이의 질문이 많아졌습니다. 많은 걸 알아갈수록 더 많은 게 궁금해지는 세상. 세상을 보는 석완이의 눈이 그만큼 넓어졌기 때문일까요? 석완이의 질문 공세가 이어집니다.

　"이렇게 가다보면 결국 북극이나 남극의 빙하가 다 없어지겠네요. 그럼 일본 같은 섬나라는 진짜 물에 잠기게 되는 거 아니에요?"

　"요즘처럼 지구 온난화가 빠르게 진행되면 2050년에는 해수면이 2미터 정도 상승한다는 연구 결과가 나왔더구나. 2미터가 대수롭지 않게 들릴지 모르겠지만 이탈리아 베니스나 태국 방콕, 네덜란드의 암스테르담 같은 도시가 물에 잠길 정도로 심각한 문제야."

　"정말 심각한 문제네요. 그럼 이런 문제는 어떻게 해결할 수 있어요?"

　"좋은 질문이구나. 그래서 세계 주요 나라들이 세계기후변화협약을 맺고 지구 온난화를 막기 위해 여러 조치들을 내놓고 있는 거란다. 대기 오염을 줄여서 온난화 문제를 해결하자는 건데, 그러려면 모든 나라들이 조금씩 희생해야 하는데. 그게 말처럼 쉽지 않은 문제야. 그래도 우리 미래를 위해서는 꼭 해결해야 할 문제지."

이기적인 개인, '공유지의 비극'을 만들다

중세 유럽의 한 마을에는 넓은 초원이 펼쳐져 있었습니다. 농부들은 넓은 목초지에서 사이좋게 양떼를 키우고, 소를 방목하며 모두들 평화롭게 살아가고 있었습니다.

그러던 어느 날 그 도시의 영주는 개인에게 초원을 나눠 일정한 면적을 농부에게 나눠주고, 자신의 초원에서만 양떼를 키우도록 했습니다. 개인이 소유할 수 있는 목초지를 나눠 갖게 된 셈입니다. 그렇게 하면 농민들이 더 열심히 양떼를 치고 소를 키워 더 많은 양털과 우유, 쇠고기를 만들 수 있을 거라고 생각한 거죠. 그리고 나눠가진 땅 외에 남아 있는 땅은 모든 사람들이 함께 사용할 수 있도록 했습니다.

그렇게 얼마간의 시간이 지나자 영주는 자신의 판단이 옳았다고 생각했습니다. 자신만의 목초지를 갖게 된 농부들이 더 열심히 일하게 됐으니까요. 그런데 조금 더 시간이 지나면서 영주는 땅을 치고 후회하게 됐습니다. 왜일까요? 이유는 이렇습니다.

자신의 땅에서만 양과 소를 키우던 농부들은 어느 때부터인가 자신의 목장이 아닌, 누구나 사용할 수 있도록 남겨둔 초원에서 방목을 시작했습니다. 옆집 농부가 함께 사용하기로 한 땅, '공유지'에 방목을 시작하자 다른 집 농부들도 덩달아 나선 거죠. 다른 사람들이 공유지를 활용해 더 많은 이익을 내고 있는 현실을 두고 볼 수만은 없었습니다. '배고픈 현실은 참아도 남이 잘 돼서 배 아픈 현실은 못 참는 게 인간의 본성'이라는 말처럼 배 아픈 농부들은 경쟁적으로 공유지에 양 떼를 풀었습니다.

얼마 지나지 않아 공유지는 잡초 하나 남아 있지 않은 폐허가 되고 말았습니다. 어느 농부도 공유지에는 새싹이 잘 자랄 수 있도록 퇴비 하나 주지 않았고, 풀이 충분히 자랄 여유마저 주지 않았던 겁니다. 그때가 돼서야 영주는 한 치 앞도 내다보지 못한 자신이 얼마나 어리석었는지 깨달았습니다. 주인 없는 공유지, 공유지는 그렇게 이기적인 인간의 본성과 아무도 관리하지 않는 무관심으로 인해 폐허로 변했습니다.

이런 '공유지의 비극(Tragedy of the Commons)'은 1968년, 미국 생물학자인 가렛 하딘에 의해 과학적으로 증명이 됐습니다. 지하자원이나 초원, 공기, 호수에 있는 물고기 등 공동체가 모두 사용해야 할 자원에 아무 개입이 이뤄지지 않으면 개인의 이기심으로 인해 고갈될 위험에 처한다는 내용이죠. 수요와 공급에 따라 가격이 정해지는 자율적인 '시장 원리'에만 맡겨 두면 공유지의 비극과 같은 '시장의 실패'가 발생하기 때문에 이를 구제할 수 있는 규율이 필요하다는 주장이 제기됐습니다.

공중화장실에 휴지가 잘 떨어지는 이유

이런 공유지의 비극은 우리의 일상에서 쉽게 확인할 수 있습니다. 공중화장실이나 공중전화를 예로 들어보죠. 여러분 집의 화장실과 공중

화장실, 더 가깝게는 학교 화장실을 지금 한 번 비교해 보세요. 집안에 있는 화장실은 항상 어머니가 깨끗하게 청소하고 관리할 뿐 아니라 여러분 스스로도 항상 깨끗이 사용하도록 노력합니다. 그렇지만 공중 화장실은 이용하는 사람들이 휴지도 마음대로 버리고, 심지어 물을 안 내리고(?) 나가는 경우도 있죠. 아무리 관리를 잘 한다고 해도 공중화장실은 항상 지저분하게 마련입니다.

재밌는 실험도 있는데요. 화장실에서는 일반적으로 한 사람이 사용하는 휴지 길이가 집 화장실과 공중화장실에서 큰 차이를 보였다는 점입니다. 집에서는 두 겹 휴지를 기준으로 평균 큰일(?)을 치렀을 때 90cm를 사용했지만 공중화장실에서는 140cm를 사용해 평균 50cm 이상 많은 휴지를 사용했습니다. 휴지처럼 가격이 저렴한 물건이라고 해도, 자신이 주인일 때는 아껴 쓰게 되지만 다른 사람이 주인일 때는 필요 이상으로 많은 휴지를 사용하게 되는 셈입니다. 급한 일을 처리하러 공중화장실에 갔을 때, 유난히 휴지가 떨어져 있는 경우가 많았던 데는 바로 이런 경제적인 원리가 작용하고 있었던 겁니다. 공유지의 비극이 적용된 '공중 화장실의 비극'이라고 해야 할까요? 여하튼 공중 화장실에 들러 휴지가 없어 고생했던 경험이 있는 사람이라면, 자신부터 휴지를 아껴 쓰는 습관을 들여야 할 겁니다.

시장은 신이 아니다!

공유지의 비극은 시장 실패에서 원인을 찾을 수 있다고 했습니다. 그렇다면 시장 실패는 무엇일까요? 본래 자유주의 시장 경제에서 시장은 경제학자 아담 스미스가 말한 '보이지 않는 손'에 의해 균형을 찾게 됩니다. 그러나 시장은 항상 최적의 균형을 찾을 수 있는 건 아니어서, 시장이 제대로 작동하지 않고 오히려 불균형을 초래하기도 하는데, 이를 시장 실패라고 합니다.

이렇게 시장 실패가 발생하는 이유는 여러 가지 원인에서 찾을 수 있습니다. 공유지의 비극은 대표적인 시장 실패 사례입니다. 당장 돌아올 개인의 이익을 위해 미래에 찾아올 공공의 이익이 완전히 소멸될 수밖에 없습니다. 환경 오염물질을 배출하고서라도 이익을 최대화하려는 기업의 반사회적 행동을 예로 들 수 있겠죠. 반대의 경우도 발생하는데, 꼭 필요한 재화나 서비스라고 해도 시장에서 형성되는 가격에만 의존할 경우 지나치게 적은 양만 생산돼 공공의 이익을 만족시킬 수 없는 경우도 있습니다.

시장에 불완전 경쟁이 있을 때도 시장 실패가 일어납니다. 특정 제품을 독점하는 기업이 있는 경우, 독점 기업은 이익을 최대화하기 위해 적정 가격보다 훨씬 더 높은 가격을 책정합니다. 별다른 대체 상품이 없는 상황에서 소비자는 독점 기업의 제품을 살 수밖에 없는데, 이렇게 되면 기업은 소비자의 이익을 기업의 이익으로 모두 가져가게 돼, 결국 소비자가 피해를 보게 됩니다. 이는 세계 각국이 공공재를 제외한 모든 사업 영역에 독점을 강력하게 규제하는 법률을 두고 있는 이유이기도 합니다.

독점보다는 범위가 넓지만 2~3개의 소수 기업이 시장을 장악하고 있는 과점인 경우에도 기업들이 서로 가격을 조율하는 '담합'을 통해 소비자의 이익을 침해하게 됩니다. 시장이 과점인 경우에도 기업은 소비자의 이익을 앗아가는 방식으로 자신들의 이익을 최대로 만듭니다.

시장이 예상하지 못한 혜택이나 피해가 있을 때도 시장 실패가 초래됩니다. 대표적인 경우가 '외부효과'인데요, 외부효과는 자신의 행동이 의도하지도 않았는데도 다른 사람에게 도움이 되는 경우나 피해를 주게 되는 상황을 말합니다.

예를 들어, 배나무 과수원 옆으로 벌을 키우는 양봉업자가 이사 왔을 때, 과수원 주인이나 양봉업자가 의도하지는 않았지만 결과적으로 과수원 주인은 큰 이득을 보게 됩니다. 자신이 열심히 일하지 않아도 벌들이 열심히 배꽃의 '수분'을 도울테니까요. 그렇다고 과수원 주인이 양봉업자에게 따로 돈을 지불할 필요 없습니다. 이때는 시장이 작동하는 원리에 변화가 생겨 '시장 실패'가 나타납니다.

'보이는 손'의 등장

공유지의 비극과 같은 시장 실패를 막으려면 어떻게 해야 할까요? 시장 실패는 경제의 원활한 작동과 성장, 이를 통한 경제 주체들의 이익 증대를 가로막는 중요한 요인입니다. 아담 스미스는 '보이지 않는 손'에 의해 시장이 스스로 균형점을 찾는다고 했지만 이렇게 보이지 않는 손에만 경제를 맡기게 될 경우 발생하는 시장 실패 때문에 경제 주체들이 겪게 되는 고통은 너무 큽니다.

그래서 등장한 게 바로 '보이는 손'입니다. '보이지 않는 손'을 분명히 존중하지만 시장이 제대로 작동하지 않는 부분에 대해서는 적절한 규제와 통제가 필요하다는 거죠. 권투 시합을 하는 데 100kg 넘는 헤비급 선수와 50kg 밖에는 되지 않는 플라이급 선수가 한 링에 올라 경기를 한다면 어떻게 될까요? 결과는 누가 보더라도 뻔할 것입니다. 만약 체격이 작은 선수가 이런 단점을 극복하기 위해 권투 시합을 하는 링 위에 올라 이종격투기 선수처럼 발을 사용한다고 생각해 보세요. 그럼 이 경기는 어떻게 될까요? 권투가 아니라 그냥 동네 싸움이 되고 말겁니다. 스포츠가 아니라 폭력으로 전락하게 되는 셈이죠.

그래서 권투에는 비슷한 체격의 선수들끼리만 시합을 하게하고, 반드시 글러브를 낀 주먹으로만 공격을 하게 하는 규율, '룰'이 생겼습니다. 주어진 룰에 따라 정정당당히 승부를 벌이고, 그 승부에서 이겼을 때만 챔피언의 영예를 가질 수 있습니다. 이렇게 정정당당한 승부를 가능하게 하는 룰이 바로 '보이는 손'입니다.

'통큰 치킨'과 공정사회

혹시 한 대형 마트에서 한 마리에 5000원 밖에 되지 않는 싼 값의 치킨을 팔기로 했다가 반대 여론에 밀려 판매를 중단했던 일을 기억하나요? '통큰 치킨'이라는 이름만큼이나 통 크게 가격을 내렸기 때문에, 이 치킨 판매가 가져온 사회적인 반향은 다른 어느 사건보다 컸습니다. 다른 동네 치킨 배달점에서는 1만 5000원 넘는 가격을 받았는데, 이걸 3분의 1 가격인 5000원에 팔겠다고 했으니, 소비자들로서는 얼마나 좋아했겠습니까.

그런데 이 때 '보이는 손'이 등장해 대형 마트의 통큰 치킨 판매가 계속되지 못하도록 했습니다. 정부와 여론이 보이는 손이 된 거죠. 대기업이 어렵게 사는 영세상인의 영역까지 침범해 가며 돈벌이에만 치중하면 되겠느냐는 반대 여론이 부각되기 시작했고, 여론에 부응하려는 정치인들까지 나서 통큰 치킨 판매에 부정적인 말들을 쏟아내기 시작했죠. 헤비급 권투 선수가 플라이급 선수와 시합을 벌이려고 한다는 비난 여론이 높아졌습니다. 한 마디로 '공정하지 못한' 게임이 시작됐다는 부정적인 여론이 커진 거죠. 치킨 관련 일을 하는 영세상인들은 통큰 치킨 판매에 나선 대기업을 상대로, 통큰 치킨을 계속 팔면 그 대기업이 판매하는 다른 제품에 대한 불매운동에까지 나서겠다는 뜻을 밝히기도 했습니다. 결국 이런 여론의 뭇매에 통큰 치킨 판매는 중단될 수밖에 없었습니다.

경제야 놀자

이 보이는 손은 누가, 어떻게 만들어 시장을 제어하는 걸까요? 사실 경제학에서 '보이지 않는 손'과 '보이는 손'의 논쟁은 이미 경제학이라는 이름이 시작됐을 때부터 지금까지, 아니 앞으로도 끊이지 않을 중요한 과제입니다. 어쩌면 시대를 초월한 정답은 영원히 찾을 수 없을지 모릅니다. 그 시대나 경제적 환경, 사회적 정서에 따라 보이지 않는 손이 강조될 때도, 반대로 보이는 손이 강조되는 시기도 있습니다.

한국 사회도 2000년대 전까지 성장 일변도의 정책을 내세울 때는 시장의 효율성을 강조한 '보이지 않는 손'의 역할을 강조해 왔습니다. 대기업은 막대한 자본력을 바탕으로 다양한 사업에 진출했고, 또 대기업 사이의 담합도 많아 막대한 이익을 취하기도 했습니다. 그렇게 축적한 자본을 가지고 해외로 나가 기업을 더 키운 일도 많았죠. 그렇지만 2000년대 이후 무조건적인 성장에 대한 비판 여론이 부각되기 시작했고, 경쟁에서도 '공정'의 개념이 나타나기 시작했습니다. 또 시장이 항상 옳을 수만은 없다는 반성의 목소리가 커지기 시작했죠. 분명한 것은 시장은 대부분의 경우 현명한 성공 구조를 가지고 있지만 실패가 아예 발생하지 않을 정도로 완벽하지는 않다는 점입니다.

보이지 않는 손 vs 보이는 손의 '끝나지 않은 전쟁'

그렇지만 반대로 경제를 규율하는 보이는 손의 역할이 지나치게 커질 경우에 대한 부작용도 생각해 봐야 합니다. 예를 들어 공산주의는 보이는 손이 모든 경제 활동을 계획하려 했지만, 불과 100년도 안 돼 이 같은 실험이 완전한 실패였음을 스스로 선언해야 했습니다. 보이지 않는 손을 강조해 온 자본주의와의 경쟁에서, 보이는 손을 강조한 공산주의는 완벽한 패배를 경험했습니다. 결국 앞으로 세계 경제는 '효율'을 강조하는 경제적인 논리와 '공정'을 강조하는 사회적인 논리가 끊임없는 논쟁을 거듭하며 최선의 접점을 찾아갈 겁니다.

허생전의 그림자

한양 남산골에서 글만 읽으며 가난하게 살던 허생. 허생은 "글만 읽지 말고 밖에 나가 돈 좀 벌어오라"는 부인 고씨의 등살에 밀려 결국 저자 거리로 내몰립니다. 빈털터리였던 허생은 그러나 명석한 두뇌와 상술로 조선 제일의 부자가 되기에 이르는데, 그 과정이 참 재밌습니다.

장사 밑천이 없던 허생은 조선 최고의 갑부인 변씨를 찾아가 1만냥을 빌립니다. 변씨는 1만냥을 빌리러 오면서도 주눅 하나 들지 않은 허생의 호기를 높이 샀고, 아무 조건 없이 돈을 빌려줬습니다.

거금을 빌린 허생은, 그 돈으로 닥치는 대로 지방에서 올라오는 과일을 사들였습니다. 든든한 자금이 있었으니 막대한 과일을 사들이는 건 어려운 일이 아니었죠. 그렇게 많은 과일을 허생이 사들이자, 결국 시장에는 과일이 동이 나기 시작했습니다. 지방에서 공급해온 과일을 중간 상인인 허생이 모두 사들이고 풀지 않자 시장에서는 과일 구하기가 하늘의 별따기가 된 거죠. 당연히 과일 값은 치솟았고, 권세 높은 양반들이라고 하더라도 비싼 가격에 허생에게 과일을 살 수밖에는 없었습니다. 이렇게 해서 허생은 단숨에 10만냥을 벌게 됐습니다.

10만냥의 거금을 쥔 허생은 그 길로 제주도에 내려가 제주도 말총을 모두 사들였습니다. 말총은 양반들이 주로 사용하던 망건과 갓을 만드는 주재료로, 당시 꼭 필요한 물건이었죠. 허생이 말총을 모두 사들이자, 말총 값은 또 천정부지로 치솟았고 허생은 더 큰 부자가 될 수 있었습니다.

허생은 이렇게 번 돈으로, 나라 안에서 살기 힘들어 화적으로 변한 사람들을 무인도에 모아 함께 살 수 있는 터전을 마련해 주었습니다. 그 곳에서 농사를 짓고 살던 허생은 일본에 흉년이 들었다는 소식을 듣고, 3년치 곡식을 남기고는 모두 일본에 내다 팔아 100만냥이라는 큰 돈을 법니다. 허생은 그 가운데 50만냥을 다시 조선으로 가져와 온 나라 안의 가난한 사람들에게 나눠줬습니다. 또 자신에게 돈을 빌려준 변씨에게, 빌린 돈 1만냥의 10배인 10만냥을 갚은 후, 다시 남산골 집으로 향했습니다.

이기심이 만든 비극

허생의 신출귀몰한 명성을 접한 조정 관리, 이완이 당시 위기에 처한 조선을 구할 묘책을 마련해 달라고 해, 허생은 세 가지 묘책을 내줬지만 받아들일 수 없다고 하자 이완을 크게 꾸짖고는 종적을 감췄다고 합니다.

허생전은 조선 후기 인물인 연암 박지원의 한문 소설입니다. 고등학교 국어 교과서에도 허생전이 수록돼 있을 정도로 유명한 글이죠. 허생전은 조선 후기 사회가 안고 있는 정치와 경제, 사회, 외교 등의 문제점을 통찰력 있게 비판한 글입니다. 허생이라는 허구적인 인물을 내세워 당시 조선 사회의 부조리와 양반 사회의 무능함을 해학적으로 묘사해 조선 사회가 나아갈 방향을 제시하기도 했습니다. 당시 사회 변혁을 주장했던 실학(實學) 사상이 함축적으로 담겨 있어 실학 연구자료로도 높은 가치를 인정받고 있습니다.

97

허생은 손쉽게 돈을 벌 수 있었습니다. 왜 일까요? 1만냥이라는 거액의 자금이 있었고, 이를 바탕으로 매점매석(물건 값이 오를 것으로 예상해 물건을 미리 사들이고, 팔지 않는 행동)에 나설 수 있었기 때문입니다. 매점매석은 그러나 소비자들의 희생을 강요합니다. 싸게 사서 비싸게 파는 사람들의 이익은 커지지만 비싼 값에 울며 겨자먹기 식으로 사야만 하는 소비자들은 그만큼 손해를 볼 수밖에 없습니다. 허생은 번 돈을 모두 가난한 사람들에게 나눠줬다고는 하지만, 돈을 버는 과정에서는 매점매석이라는 부정한 상거래로 부당한 이익을 취한 셈입니다.

경제 상식 - 독점과 과점, 완전 경쟁

'모노폴리(Monopoly)'라는 보드 게임을 해 본 적이 있을 겁니다. 주사위를 던져 세계 주요 도시에 자신만의 호텔이나 빌딩을 짓고, 그 도시를 지나는 다른 사람들에게 돈을 받아 결국 가장 많은 돈을 버는 사람이 이기게 되는 게임입니다. 주사위를 던져 해당 도시를 방문하는 사람은 무조건 돈을 내야만 하는데, 이렇게 다른 선택 없이 소비자가 어느 한 기업의 제품을 영락없이 사야만 하는 경우가 바로 독점, 영어로는 모노폴리(monopoly)라고 합니다. 게임 이름이 모노폴리로 정해진 이유도 그 때문이죠.

일반적으로 시장에는 많은 수요와 소비자가 있는 것처럼, 많은 공급과 생산자가 존재합니다. 이렇게 다수의 공급자는 서로 경쟁을 통해 소비자의 수요를 충족하게 되고, 이 과정에서 '보이지 않는 손'이 작동해 가격이 결정됩니다.

하지만 시장이 독점에 놓였을 때 생산자는 소비자의 사정은 전혀 고려하지 않고, 자신의 이익을 극대화하기 위해 가격을 정합니다. 경쟁자가 없으니, 당연히 소비자는 제품이나 가격이 마음에 들지 않는다고 하더라도 독점 기업의 제품을 이용할 수밖에는 없습니다. 이렇게 되면 소비자는 피해를 입게 되고, 소비자가 피해를 본 만큼 독점기업은 이익을 얻게 됩니다.

독점과 같이 한 기업이 공급을 전담하는 상황은 아니지만, 몇몇 소수의 기업에 의해서 공급이 전적으로 이뤄지는 때도 있습니다. 이를 경제학에서는 '과점(oligopoly)'이라고 합니다. 시장이 과점인 상황에서도 기업은 다양한 방법으로 가격을 조정해 자신의 이익을 늘리려고 합니다. 공급자가 몇 명 안 되다 보니, 서로 짜고 어느 정도 가격 이하로는 제품을 공급하지 않기로 한다거나, 공급량을 조절해 가격을 일정 수준에서 유지하도록 하는 거죠. 이렇게 과점 기업들이 자신의 이익을 확대하기 위해 시장을 조정하는 행위를 '카르텔(cartel)'이라고 하는데, 과점시장에서 기업들은 카르텔을 통해 이미 합의한 협정을 지켜 이익을 늘려갑니다.

독점이나 과점과 달리 다수의 공급자와 다수의 소비자가 존재하는 완전경쟁시장도 있습니다. 이런 완전경쟁시장에서는 공급업자들의 치열한 경쟁 속에서 공급량이 결정되고, 이를 선택하는 소비자의 수요가 결합되면서 가격이 결정됩니다. 이론적으로는 완전경쟁시장에서 소비자의 이익은 커집니다. 공급자 사이에 치열한 경쟁이 이뤄지면, 기술 개발과 같은 혁신을 통해 가격을 낮추고, 소비자 선택을 받으려는 기업들의 노력이 이어지기 때문입니다. 경쟁은, 경쟁을 해야 하는 기업들에게는 무서운 말일지 모르지만 경쟁에 따른 이익을 누리게 되는 소비자들에게는 좋은 일입니다.

독점과 과점은 다수의 소비자에게 피해를 주고 소수의 기업에만 이익을 집중시키기 때문에 정부는 독점과 과점을 규제하기 위한 다양한 규제 장치를 만들어 놓았습니다. 민주국가에서 공정거래법이나 독점금지법 등을 제정해 법적으로 특정 기업의 독과점 현상을 미연에 방지해 놓고 있죠. 우리나라도 공정거래위원회를 행정기관으로 두고, 시장의 독점과 과점을 방지하고 또 이런 상황이 왔을 때 이를 시정할 수 있는 권한을 행사하도록 하고 있습니다.

부모님과 함께 "생각해 보세요!"

석완이네 집 근처 공터에는 아침만 되면 쓰레기 봉투들이 몇 개씩 뒹굴어 다닙니다. 밤사이 쓰레기 봉투를 공터에 던져버리고 가는 사람들이 있기 때문이죠. 조금만 더 가면 쓰레기 분리 수거장소가 있는데, 그 '조금만' 더 가는 게 귀찮은가 봅니다. 버려진 쓰레기로 고생하는 사람들은 생각지 않고, 당장 자기만 편하면 된다고 생각하는 사람들. 이런 이기적인 사람들을 어떻게 줄여갈 수 있을까요?

· 신용카드의 비밀 찾기
· 신용도 측정이 되나요?

신용이 만들어 가는 세상

7 신용이 만들어 가는 세상

"석완이, 너 정말 아빠랑 한 약속 안 지킬래? 계속 그러면 아빠 화 낸다!"

평온한 일요일 오후. 느닷없이 높아진 아빠의 목소리에 코까지 골아 가며 낮잠에 빠졌던 엄마가 게슴츠레, 눈을 뜨고 일어납니다.

"아니, 무슨 일인데 아이한테 그렇게 큰 소리예요?"

"석완이 좀 보라고. 벌써 2시간도 넘게 컴퓨터 오락을 하고 있어. 딱 30분만 더 하겠다고 한 게 벌써 세 번째야. 그런데 아직도 끝낼 생각을 안 해. 이러니 내가 화가 안 나겠어?"

"석완아, 너 아빠 말이 맞니? 그렇게 약속을 안 지키면 어떡해? 약속만큼 중요한 게 어디 있다고?"

"아니, 이제 막 끝내려고 했어요. 갑자기 게임에서 나올 수 없어서 그랬어요."

"그래. 그럼 빨리 끝내도록 해. 아빠 화 많이 나신 것 같다."

"네, 알겠어요. 죄송합니다."

집안을 쩌렁쩌렁 울린 아빠의 목소리에 주눅이 들었는지, 석완이의 목소리가 모기 소리처럼 작아집니다. 아빠는 아직도 화가 가시지 않았는지, 안경 너머로 석완이를 바라봅니다.

101

"석완아, 아빠 목소리가 너무 커져서 미안하구나. 그런데 석완이가 이번 기회에 꼭 알아줬으면 하는 게 있단다."

"그게 뭔데요, 아빠?"

"바로 신용이란다. 신용. 다른 사람과 한 약속이 얼마나 중요한지, 또 그런 신용이 세상을 살아가는 데 얼마나 중요한지 말야. 신용은 평생 석완이 너의 뒤를 따라 다니는 그림자 같은 거란다. 설마 너의 그림자가 무서운 악마처럼 보이고 싶지는 않은 거겠지?"

양치기 소년의 비극

거짓말을 일삼던 양치기 소년의 비극, 모두들 잘 알고 있을 겁니다. 심심함을 이기지 못하고 "늑대가 나타났다"는 거짓말을 일삼던 양치기는 결국 진짜 늑대가 나타났을 때 누구의 도움도 받지 못하게 됩니다.

비록 동화라 양치기 소년의 비극적인 '최후'까지는 얘기하고 있지 않지만 늑대 소년의 비극은 충분히 짐작해 볼 수 있죠. 양치기 소년을 그런 비극으로 몰고 간 건 결국 사람들에게 신용을 잃었기 때문입니다. 한두 번 양치기의 말에 속은 사람들은 양치기의 말을 믿지 않았고, 양치기는 사람들에게 신용을 잃어 도움을 받을 수 없었죠. 신용을 쌓는 일은 이렇게 때로는 사람의 목숨을 앗아가고, 또 살릴 수 있을 정도로 중요합니다.

목숨과도 바꿀 만큼 '신용'을 중요시한 사람들도 있습니다. 특히 상인들은 때론 손님과의 약속, 신용을 지키기 위해 목숨을 내놓기도 했습니다. 1597년, 한 무리의 네덜란드 상인이 아시아로 가는 새로운 항로를 찾기 위해 북극해 종단에 나섭니다. 그렇지만 일주일도 안 돼 배는 표류하기 시작했고, 50여일이 지나서야 러시아 선박에 의해 가까스로 구조됐습니다. 그 사이 몇 몇 선원은 굶주림과 추위에 목숨을 잃었습니다. 그런데 놀라운 건, 그 배에는 고객들이 맡겨 놓은 옷이며 먹을거리가 그대로 남아있었던 거죠. 사투를 벌이며 고기를 잡고, 또 북극 여우와 곰을 사냥하면서 연명했던 네덜란드 상인들은 고객과의 약속을 이유로 고객의 물건에는 전혀 손도 안 댔던 겁니다. 이런 일이 유럽 전체로 퍼지면서 '네덜란드 상인들은 약속을 목숨과도 바꿀 정도로 신용을 중요시 한다'는 평판을 얻게 됐습니다. 네덜란드 상인들과 거래하는 다른 상인들은 네덜란드 상인의 신용을 믿고 거래에 나섰고, 네덜란드 상인들은 세계 최대의 상단으로 성장할 수 있었습니다.

늑대 소년의 비극과 네덜란드 상인의 일화 모두 다소 극단적인 예일 수도 있습니다. 그렇지만 세상을 살아가는 데 있어 신용이 얼마나 중요한지를 보여주는 좋은 에피소드입니다.

사회를 움직이는 약속

우리 사회는 약속을 바탕으로 움직입니다. 자동차는 차도로 다녀야 하고, 사람은 인도로 다니자는 게 사회적인 약속이죠. 세상을 규율하는 법도, 일종의 약속입니다. 사회가 정상적으로 움직일 수 있도록 적어도 이 정도는 지켜야 한다는 약속을 문서화 하고, 강제한 규정이 법이라고 할 수 있습니다.

그렇지만 세상 모든 일을 법으로 규정해 강제할 수는 없습니다. 사회적 약속이 중요하고, 신용이 중요한 이유입니다. 꼭 법으로 정하지 않았다고 하더라도 약속을 지키려는 개인의 노력, 신용이 사회를 지탱합니다. 현대 자본주의는 '신용사회'라는 말이 나오는 것도 같은 이유입니다. 커다란 항공모함의 방향을 정하는 건, 물에 가려 보이지 않는 조그만 프로펠러와 조타키인 것처럼, 커다란 세상을 움직이는 기본은 우리 눈에 보이지 않는 신용입니다. 사회의 신용이 무너지면 위기가 찾아오고, 신용을 다시 찾을 때만 새로운 태평성대를 만들어 갈 수 있습니다.

중국의 공자는 국가(사회)를 지탱하기 위해 필요한 식량과 병사, 신의 가운데 어느 것이 가장 중요한가를 묻는 제자들의 질문에 신의를 으뜸으로 꼽았습니다. 신용과 신의가 없으면 나라(사회)가 존재할 수 없다는 게 이유였습니다. 공자는 '무신불립(無信不立 : 신용이 없는 사람은 설 자리가 없다)'라는 말로 신용과 신의가 바탕이 됐을 때만 건강한 사회가 만들어 질 수 있음을 강조하기도 했죠.

그렇지만 신용은 사실 거창한 것만은 아닙니다. 컴퓨터 게임은 주말에만 하겠다는 엄마와의 약속, 선생님이 내 준 숙제를 꼭 하겠다는 약속, 친구 생일파티에 가겠다는 약속, 이런 하나하나의 약속을 잘 지키

신용이 만들어 가는 세상

는 게 신용의 시작과 끝입니다. 자신이 다른 사람과 또는 사회와 한 약속을 지켜가는 과정에서 '믿을 만한 사람'이라는 평가가 나오고 신용이 쌓이는 거죠.

신용카드의 원리

신용이 실생활에서 가장 잘 적용된 건 신용카드입니다. 신용카드를 이용하면 당장 가진 현금을 내지 않더라도 자신의 신용을 이용해 외상으로 얼마든지 물건을 살 수 있습니다. 아직 여러분은 어려서 충분한 신용을 쌓지 못했기 때문에, 신용카드를 사용할 수는 없습니다. 하지만 예금 통장에 남아 있는 돈을 바탕으로 사용할 수 있는 직불카드나 체크카드를 용돈 대신 받는 경우는 있을 겁니다. 이런 신용카드와 체크카드는 어떤 원리로 사용되는 걸까요?

신용카드는 말 그대로 신용을 바탕에 둡니다. 현금은 부피도 크고 많은 돈을 가지고 다니게 될 때 분실이나 도난의 위험이 있습니다. 또 수표를 사용하려면 매번 은행에 가서 수표를 발급받아야 하고, 사용할 때마다 자신의 이름과 연락처를 일일이 적어야 하는 번거로움이 있죠. 반면 신용카드는 플라스틱으로 된 카드 한 장이 많게는 수천만원까지 편하게 사용할 수 있습니다. 경우에 따라서는 비싼 물건도 한꺼번에 돈을 다 내는 게 아니라 일정 기간 동안 나눠서 낼 수도 있죠.

신용카드는 개인이 은행이나 카드사와 같은 금융기관과 거래를 할 때 얼마나 약속을 잘 지켰는지, 또 그 사람의 평소 수입이 얼마나 되는 지를 바탕으로 사용할 수 있는 한도를 정해줍니다. 이렇게 한도가 정해지면 카드사는 카드를 가지고 있는 사람을 대신해서 물건을 판 상점에 돈을 지불해 주고, 카드를 사용한 사람에게 정해진 날짜에 사용한 금액만큼을 받아갑니다. 외상으로 물건을 팔고 싶지 않은 상점 주인은, 믿을 수 있는 은행이나 카드사가 돈을 대신 지급해 주기 때문에 기꺼이 외상으로 물건을 팔게 됩니다. 카드사는 연회비나 사용한 금액의 일정 비율에 해당하는 수수료를 받아 이익을 내고, 개인은 나중에 돈을 결제하는 셈이 되는데, 이 때 물건을 판 상점이나 카드사, 개인은 모두 이익을 볼 수 있습니다.

단, 이런 선순환이 이뤄지려면 카드를 이용한 개인은 반드시 자신이 사용한 금액만큼을 카드사에 지급해야 합니다. 만약 약속을 어기고 사용한 금액을 지급하지 않으면, 카드사는 모든 손실을 안게 됩니다. 약속을 지키지 않고 연체를 하는 사람이 많아지면 카드사는 망할 수밖에 없는데, 한국에서는 지난 2003년 이런 사태가 발생해 많은 카드사들이 어려움을 겪기도 했습니다. 당시 카드를 가진 사람들이 현금서비스라는 이름으로 카드사에서 돈을 빌려 사용한 후, 정해진 날짜에 빌려간 돈을 갚지 않게 되자 카드사들이 망할 위기에 처하게 됐죠. 이 때 '카드 대란'이라는 말이 생겨났고, 이 사태를 방치할 경우 자칫 사회 전체가 위기에 빠질 수 있다고 판단

신용이 만들어 가는 세상

한 정부가 많은 세금을 지원해 카드사를 살려냈습니다.

체크카드와 직불카드는 신용카드가 가진 단점을 보완해서 만든 카드입니다. 신용을 믿고 너무 많은 액수의 카드 사용 금액을 주다보니, 카드대란 때처럼 카드사가 망할 수도 있다는 위기감이 생겼습니다. 그래서 신용으로 제공하는 금액을 없애고 대신 그 사람의 은행 계좌에 있는 돈 만큼만 카드로 사용할 수 있도록 제도를 바꾼 게 직불카드입니다. 체크카드는 은행 잔고 금액을 바탕으로 아주 적은 수준의 금액만 신용을 사용할 수 있도록 제한을 뒀죠. 이렇게 과소비를 유발할 수 있는 신용카드의 부작용을 제거했다는 점에서 카드사와 사용자 모두에게 인기를 끌고 있습니다.

신용도 측정이 되나요?

'저 친구는 정말 믿을만한 친구야'라는 개인 개인의 평가가 모여지면, 신용이 있는 사람과 없는 사람으로 나뉩니다. 믿을 수도 있는 사람이라는 평가를 받는다면, 주위에서 어렵지 않게 돈을 빌릴 수 있습니다. 빌려주는 사람이 '저 친구는 무슨 일이 있어도 내게 빌려간 돈을 갚을 거야'라는 확신을 갖고 있기 때문이죠. 반대로 믿을 수 없는 사람이라는 인식을 심어주면, 아무리 그 친구가 어려운 상황에 처해있고, 또 아무리 좋은 조건을 제시한다고 해도 선뜻 돈을 빌려주기 어려울 겁니다. 이런 이유로 주위 사람들에게 신용을 심어주는 일은 매우 중요합니다.

경제야 놀자

눈에 보이지는 않지만 신용도 측정이 됩니다. 한 개인을 얼마나 믿을 수 있는가를 계량화해서 숫자로 표현하는 거죠. 은행이나 카드사와 같은 금융회사는 개인의 신용도를 측정해서, 돈을 거래할 때 신용등급을 매기고, 이 신용등급에 따라 돈을 빌려주는 조건을 다르게 적용합니다. 친구나 회사 동료와 적은 금액의 돈거래를 할 때 신용등급을 적용하는 건 아니지만 금융회사와 개인이 돈거래를 할 때는 이 신용등급이 매우 중요합니다. 신용등급이 좋은 사람(1등급에서 10등급까지 있는 신용등급은 숫자가 낮을수록 신용이 좋다는 뜻입니다.)에게는 은행이 선뜻 많은 금액을 낮은 이자로 빌려주지만 신용등급이 나쁜 사람은 소액이라도 잘 빌려주려 하지 않습니다. 빌려준다고 해도 아주 적은 금액에 높은 이자를 붙여서 빌려주게 되죠.

예를 들어 신용등급이 1등급인 사람은 은행에서 5000만원을 빌리면서 연간 5%의 이자만 내면 됩니다. 반대로 신용등급이 9등급인 사람은 채 100만원도 빌리기 어려울 뿐 아니라, 이자도 20%에 가까이 높게 내야 합니다. 이렇게 차별을 두는 건, 은행이 오랜 거래를 분석한 결과 그 사람이 얼마나 믿을 수 있는 사람이고, 빌려간 돈을 제때 갚을 수 있을지에 대한 판단이 다르기 때문입니다.

그 동안 한국 사회에서는 돈을 빌리려고 할 때 돈을 갚지 못할 경우 다른 물건을 처분해서라도 돈을 갚겠다는 뜻의 '담보'를 매우 중요시해 왔습니다. 은행에서 대출을 받으려면 반드시 집이나 땅, 차 같이 고가의 물건을 담보로 제공해야 했죠. 만약 은행이 돈을 빌려준 후 돈을 제때 받지 못하면 담보로 제공한 물건을 처분해 빌려준 돈을 회수하곤 했습니다.

최근에는 신용이 매우 중요한 기준으로 작용합니다. 평소 신용을 잘 쌓아둔 사람은 굳이 담보를 제공하지 않고, 자신의 신용으로 돈을 빌리고 이 신용을 잘 지키기 위해 또 빌려간 돈을 제때에 잘 갚습니다.

나를 살리는 신뢰, 죽이는 불신

'돈을 잃으면 조금 잃는 것이고, 신용을 잃으면 많이 잃는 것이다. 그리고 건강을 잃으면 전부를 잃는 것이다'라는 말이 있습니다. 인생에서 가장 중요한 건강을 제외하고, 신용만큼 중요한 덕목도 없다는 걸 강조한 격언이죠. 돈은 다시 벌 수 있지만 한번 실추된 신용은 다시 회복하기가 어렵습니다. 그만큼 신용은 개인이 세상을 잘 살아가는 기본 덕목입니다. 지금 여러분이 하는 행동 하나 하나, 약속을 지키려는 노력이 바로 여러분의 신용을 결정합니다. 신용은 깨지기 쉬운 유리 같아서, 신용을 쌓기는 어렵지만 깨뜨리기는 쉽습니다. '양치기 소년의 비극'에서처럼 신용은 세상을 살아가는 동안 여러분을 살릴 수도, 죽일 수도 있습니다. 그럼 지금부터라도 여러분의 모습을 바꿔보세요..

1997년. 대한민국은 부도의 위기에 몰렸습니다. 외국에서 빌려온 돈을 갚아야 하는데, 빌려온 돈을 갚을 만한 돈이 한국에는 없었던 겁니다. 당시 한국 대기업들은 은행에서 많은 돈을 빌려 막대한 투자에 나섰습니다. 기업에 돈을 빌려줘야 하는 은행은, 자신의 신용을 바탕으로 해외 여러 국가의 투자자들로부터 달러화를 빌려왔는데, 돈을 빌려줬던 투자자들이 빌려간 돈을 갚아달라고 요구한 겁니다. 은행은 다시 돈을 빌려준 대기업들에 돈을 갚으라고 요구했는데, 당시 대기업은 불투명한 경영과 무리한 투자로 빌려간 돈을 갚을 도리가 없었죠. 이 때 많은 대기업들이 문을 닫았습니다. 대기업에 의존해있던 수많은 중소기업들도 설 자리를 잃게 됐죠. 기업이 문을 닫으면서 회사에 다니던 우리 아빠, 엄마들이 대거 회사를 그만 둬야 했습니다. 한국은 졸지에 외국에서 온 돈을 떼먹을 수 있는 불량 국가가 될 위험에 처했고, 어렵사리 국제통화기금(IMF)으로부터 돈을 빌려 부도 위기에서 벗어날 수 있었습니다. 이게 IMF 외환위기 전말입니다.

1997년 IMF 외환위기는 국민들에게 좌절과 절망을 안겼습니다. 그래도 빚을 갚을 달러가 부족하다는 소식에, 우리 국민들이 보여준 저력은 대단했습니다. 금은 달러화로 바로 바꿀 수 있다는 소식에 장롱 속

깊이 숨겨 두었던 돌반지를 가져 나와 금모으기 운동에 동참했고, 이런 단결된 힘으로 한국은 전례 없이 빠른 시기에 외환위기를 극복할 수 있었습니다.

개인이나 가정, 기업과 마찬가지로 국가도 망할 수 있습니다. 해외에서 빌려온 돈을 제때 갚지 못하면 국가 부도 사태가 발생합니다. 이렇게 되면 국제 사회에서 못 믿을 국가로 전락해 추가로 돈을 빌리기도, 물건을 내다 팔기도 어렵습니다.

이렇게 국가도 망할 수 있기 때문에 개인에게 신용등급을 매기는 것처럼 국가에도 신용등급을 매기게 되는데, 이게 바로 '국가신용등급'입니다. 개인에 대한 신용등급은 돈을 빌려주는 은행에서 매기지만 국가 신용등급은 국가나 기업의 신용도를 전문적으로 평가하는 기관인 국제신용평가기관이 담당합니다. 무디스와 S&P, 피치 등이 대표적인 신용평가 기관으로, 이들은 한 국가의 해외 채무 금액이나 경제 상황, 또 빌려간 돈을 갚을 능력을 평가해 신용등급을 결정합니다.

현재 국가 신용등급이 가장 높은 국가는 세계 최고 강대국이라고 할 수 있는 미국입니다. 하지만 미국은 2008년 이후 경기 침체를 거치면서 경제 체력이 크게 훼손돼 결국 2011년 8월 신용등급이 한 단계 하락했습니다. 미국의 신용등급이 하락하면서 전세계 주식시장이 폭락하는 등 큰 어려움을 겪기도 했죠. 경제대국 일본과 독일도 높은 신용도를 인정받고 있고, 최근 경제가 급성장하고 있는 중국도 비교적 좋은 평가를 받습니다. 한국은 중간보다 조금 높은 수준의 국가 신용등급을 받고 있는데, 갈수록 신용도가 좋아지는 추세입니다.

국가신용등급은 국가가 해외에서 돈을 빌리려고 할 때 얼마나 낮은 금리로 돈을 빌릴 수 있는지를 결정합니다. 개인이 은행에서 대출을 받는 것처럼, 국가도 해외에서 '국채'를 발행해 돈을 빌리게 되는 데, 이 때 국가신용등급이 높은 국가는 낮은 금리에 돈을 빌릴 수 있습니다. 반대로 국가신용등급이 낮으면 이자를 높게 줘야만 채권을 발행할 수 있습니다.

경제상식 - 돈 흐름을 좌우하는 금리

돈에는 흐름이 있습니다. 돈의 흐름을 어떻게 예상하고, 돈의 흐름에 편승할 수 있느냐에 따라 부자가 될 수도 있고, 그렇지 못할 수도 있습니다.

그럼 돈은 어떻게 움직일까요? 결론부터 말하면 돈은 금리(이자율)를 따라 움직입니다. 물은 높은 곳에서 낮은 곳으로 흐르고, 사과는 하늘이 아닌 땅으로 떨어집니다. 중력 때문이죠. 돈은 금리가 낮은 곳에서 높은 곳으로 움직이는 원칙에 따라 움직입니다. 중력의 원칙이 있다면, 금리의 원칙도 있습니다. 합리적인 경제 주체인 사람들은 금리에 민감하게 움직이며, 금리에 맞춰 돈을 이동시킵니다.

금리는 한 마디로 돈을 사용할 때 필요한 비용입니다. 실생활에서는 금리보다는 이자율이라는 말을 더 많이 사용하는데요, 자신의 돈이 아니라 다른 사람의 돈을 사용할 때, 돈을 사용하게 해 준 대가로 이자를 지급하게 됩니다. 어느 정도의 이자를 지급해야 하는가를 결정하는 게 이자율, 바로 금리입니다.

예를 들어 1000만원을 빌려 1년에 100만원의 이자를 지급하기로 했다면, 이 때 이자율, 금리는 10%가 됩니다. 이 때 돈을 빌리려는 사람들은 조금이라도 낮은 금리에 돈을 빌리기 위해 노력하고, 돈을 빌려주려는 사람들은 조금이라도 높은 금리를 주려는 사람에게 돈을 빌려주려고 합니다. 이 과정에서 돈은 이동하게 되는데, 당연히 높은 금리를 주는 쪽으로 이동하게 되죠. 돈을 정해진 기일에 반드시 받을 수 있다면(돈을 떼이는 위험이 같다면), 사람들은 5%의 이자율을 받을 수 있는 곳에서 돈을 옮겨 다만 1% 포인트라도 높은 이자율을 주는 6% 상품에 가입합니다. 이렇게 되면 돈은 5% 이자율 상품에서 6% 이자율 상품으로 이동하게 되는데, 이런 푼돈이 모여 거대한 돈의 흐름을 만들게 되는 셈입니다.

돈 흐름의 기준이 되는 금리는 돈을 찍어내는 중앙은행(한국은 한국은행이 유일하게 돈을 찍어낼 수 있는 중앙은행입니다)의 기준금리에 의해 결정됩니다. 기준금리는, 말 그대로 금리의 기준인데요, 한국은행이 매월 그때그때 상황에 맞춰 조정을 합니다. 금리가 지나치게 낮으면 돈을 빌리려는 사람들이 많아져서 시중에 돈이 많아지게 되는데, 이 경우 물건 값이 크게 오르는 물가 상승(인플레이션)이 일어나 경제에 부작용이 발생합니다. 반대로 금리가 필요 이상으로 높으면 돈을 빌리려는 사람들이 자취를 감춰 경제가 위축이 되는데, 경제 활동이 위축되면 경제 성장이 낮아지는 부작용이 발생합니다. 기준금리를 결정하는 한국은행은 우리가 모르는 사이 돈의 흐름, 경제의 흐름을 좌우하는 중요한 역할을 하고 있습니다.

부모님과 함께 "생각해 보세요!"

　　며칠 전, 매점에서 만나 다른 반 친구 재민이가 석완이에게 3000원을 빌려갔습니다. 깜빡 잊고 돈을 안 가져 왔다나요. 석완이는 선뜻 빌려줬는데, 이 친구는 통 갚을 생각을 안 하네요. 처음에는 화요일에 준다더니, 다시 목요일에나 준다고 하더니, 토요일은 오늘도 감감 무소식입니다.

　　친구 사이에 '약속'이 얼마나 중요한지 모르고 있나 보네요. 약속을 밥먹듯 어기는 재민이, 재민이에게 신용의 중요성을 깨우쳐 줄 방법은 없을까요?

· 시간의 경제가치는 얼마?
· 시테크, 어떻게 할까?

시간은 돈이다

8 시간은 돈이다

이제 올해 달력도 두 장밖에는 남지 않았습니다. 어제는 첫 눈이 왔으니까, 이제 완전한 겨울이 된 것 같아요. 시간은 정말 빠른 것 같습니다. 새로운 담임선생님과 친구들을 만난 게 정말 엊그제 같은데, 벌써 한 해가 다 가고 있어요.

석완이네 가족은 이번 주말 시골 할머니 댁에 가기로 했어요. 겨우내 먹을 김치를 준비할 김장을 하느라 가족들이 모두 모이기로 했거든요.

"아~정말. 아니 도대체 왜 이렇게 차가 막히는 거야? 이 교차로를 통과하는 데 20분은 더 걸린 것 같은 걸"

"당신, 뭘 그렇게 짜증을 내요. 애들이 배우겠어요. 짜증 좀 내지 말아요. 천천히 가면 돼죠, 뭐."

"이렇게 차에서 허비하는 시간이 아까워서 그러지. 어휴~ 그래도 어쩌겠어. 마음 편히 먹고 가야지. 조급하게 생각했다가는 막히는 차 안에서 10년은 늙어버릴 것 같다. 그런데, 석완아. 내가 퀴즈를 하나 낼 테니, 맞춰보지 않을래. 당신도 같이 풀어봐. 맞추는 사람에게는 아빠가 푸짐한 상품을 주도록 하지."

"뭔데요? 아빠!"

"이것은 세상 모든 사람들에게 완벽하게 똑같이 나눠져 있는 거란다.

경제야 놀자

왕이든, 거지든 이것 만큼은 똑같이 가지고 있지. 어떤 사람에게는 억만금의 가치를 갖지만 또 어떤 사람에게는 하찮을 수도 있어. 다른 사람에게 빌릴 수도 없고 저축을 해서 보관할 수도 없지. 돈으로 사고 팔수 있는 건 더더욱 아니고. 사람들은 모두 이걸 가지고 있지만 항상 이게 없다고 난리란다. 이게 뭘까?"

"흠~ 뭘까?" "아빠, 그거 너무 어려운 문제 아니에요."

"힌트를 하나 더 줄까. 지금 이 시간에도 이건 계속 가고 있단다"

"아! 알았다. 정답. 시간 아니에요? 누구나 똑같이 가졌고, 또 저축을 할 수도 없잖아. 항상 사람들은 시간이 없다고 아우성이고."

"야~ 석완이가 엄마보다 나은 걸. 딩동댕! 정답이야. 바로 정답은 시간이야"

"와~ 아빠 내가 정답 맞췄으니 상품 줘야 돼요. 아싸~ 닌텐도 사주세요!"

정답을 맞힌 기쁨과 상품을 받을 수 있다는 생각에 석완이의 입에서는 노래가 절로 나옵니다.

똑똑한 원숭이 vs 멍청한 원숭이

혹시 '조삼모사(朝三暮四)'라는 말을 들어보셨는지요? 아침에 세 개, 저녁에는 네 개라는 뜻인데요. 처음 들어보는 말이라고요? 그럼 이 이야기를 잘 읽어 보세요.

옛날 중국이 진나라의 진시황에 의해 통일되기 전에는 많은 나라들이 중원의 패권을 노리며 중국 통일을 꿈꿨습니다. 이때를 춘추전국시대라고 하는데, BC 800년 경부터 진나라가 중국을 통일한 BC 221년까지 계속된 혼란의 시기입니다. 송, 제, 정, 위, 진 등 각기 다른 이름을 가진 나라들이 연합과 분열(합종연횡)을 거듭하며 통일을 꿈꿨습니다. 이 시기에 중국에서는 많은 왕조들이 뛰어난 인재를 얻어 국력을 키우기 위해 노력했고, 이런 각국의 경쟁을 바탕으로 철학과 문학 등 전반적인 사회의 발전이 이어졌습니다.

춘추전국시대 송나라에 저공(狙公)이라는 사람이 원숭이를 많이 기르고 있었습니다. 그런데 어느 날, 원숭이 먹이가 떨어진 저공이 원숭이들을 찾아 이렇게 말했습니다.

"앞으로 너희에게 주는 도토리를 아침에 3개, 저녁에 4개로 줄여야 할 것 같다. 그러니 너희들이 조금 이해해 주기 바란다."

그러자 원숭이들이 길길이 날뛰기 시작했습니다. 아침에 3개, 저녁에 4개로는 도저히 배가 고파 견딜 수 없을 거라면서 말이죠. 그 때 저공이 말을 바꿔, 다시 이렇게 말했습니다.

"그럼 아침에 4개를 주고 저녁에 3개를 주면 어떻겠니?"

그 때서야 원숭이들은 저공의 제안을 흔쾌히 받아들였습니다. 아침에 3개, 저녁에 4개를 받든 아침에 4개, 저녁에 3개를 받든 결과적으로 원숭이는 하루에 7개의 도토리를 받게 됩니다. 그렇지만 눈앞의 이익에 현혹된 원숭이는 저공의 꾀에 넘어갔고, 저공은 똑같은 도토리를 주고도 원숭이들의 마음을 달랠 수 있었습니다. 이 때문에 조삼모사라는 말은 눈앞의 이익만 알고 결과가 같은 것을 모르는 어리석음을 비유하거나, 얕은꾀로 남을 속여 사람을 우롱하는 말로 쓰이게 됐습니다.

이렇게 조삼모사는 어리석은 원숭이들을 조롱하고 있지만, 조금만 다르게 생각해 보겠습니다. 정말 원숭이들은 멍청한 걸까요? 경제적인 사고를 조금만 도입해 본다면 원숭이들은 결코 멍청하다거나 우매하다고 할 수 없습니다. 오히려 시간의 경제적인 가치와 효용의 특성을 제대로 이해하고 현명하게 반응했다고 할 수 있습니다. 아침에 받는 도토리 4개의 가치는 저녁에 받게 되는 도토리 4개의 가치와 분명 다르기 때문입니다. 그 이유를 살펴보도록 하죠.

시간은 수요, 공급의 원칙과 맞물려 제품이나 서비스의 가격에 영향을 미칩니다. 경제가 위기로 치달으면서 오히려 마이너스 성장을 하는 예외적인 시기를 제외하고는 일반적으로 경제 규모는 커집니다. 경제 규모의 상승은 대개 제품이나 서비스의 가격을 올리게 되는데, 이렇게 시간이 지나면서 제품이나 서비스의 가격이 상승하는 현상을 물가상승이라고 합니다.

이 같은 물가상승을 영어로는 '인플레이션(inflation)'이라고 하는데, 신문이나 방송에 가장 자주 등장하는 경제 용어이기도 합니다. 30년 전 여러분의 아버지가 받았던 용돈 500원과 지금 여러분이 받는 용돈

500원의 가치에는 엄청난 차이가 있습니다. 바로 인플레이션 때문인데, 아버지는 용돈 500원으로 자장면을 사먹을 수도 있었지만 여러분은 아이스크림 하나 사 먹기 힘들 테니까요. 30년의 긴 시간이 지났기 때문에 발생한 당연한 차이라고 생각할 수 있지만 이렇게 시간은 재화의 가격에 조금이나마 영향을 주게 됩니다.

여러분의 부모님이 아파트를 사기 위해 은행에서 돈을 빌렸을 때 빌린 돈과 함께 돈에 붙는 이자까지 함께 갚아야 한다는 걸 잘 알거예요. 이렇게 돈을 빌려 쓸 때 내야하는 이자, 돈의 가격은 돈을 빌린 기간에 따라 달라집니다. 1년을 빌렸을 때와 2년을 빌렸을 때, 이자에는 큰 차이가 발생하는데, 이렇게 시간이 지나면서 이자가 붙는다는 사실을 감안한다면, 이자율을 10%로 계산했을 때 오늘의 1만원은 내년에는 1만 1,000원이, 2년 뒤에는 1만 2,100원이 됩니다. 시간의 가치는 이렇게 이자로도 계산될 수 있습니다. 이런 원리를 적용해 보면 돈에는 시간 가치가 존재하게 되는데, 현재 가치는 미래 가치보다 클 수밖에 없습니다. 오늘 받은 세뱃돈 10만원이 내년에 받을 세뱃돈 10만원보다는 분명 더 큰 돈이라는 얘기입니다.

현재 가치와 미래 가치는 이자율에 따라 달라지게 되는데, 예를 들어 1년 정기 예금 금리가 10%라고 했을 때, 현재의 1만원은 1년 후에 1만 1000원과 같은 가치를 가치게 됩니다. 그러니까, 1년 후 1만 1000원의 현재가치는 1만원이 되는 셈이죠.

경제야 놀자

미세하지만 원숭이가 아침에 갖게 되는 도토리 4개와 저녁에 갖게 되는 도토리 4개에는 경제적인 차이가 있습니다. 또 아침에 4개를 받아 2개만 아침에 먹고 2개는 점심에 먹을 수 있도록 자신이 '선택'할 수 있는 권리마저 갖게 되는 심리적인 만족까지 생각한다면 원숭이들은 저녁 대신 아침에 4개의 도토리를 받는 게 유리합니다. 물론 원숭이가 이런 경제적인 원리나 심리적인 차이를 고려해 그런 '현명한' 선택을 했는지는 확실히 알 수 없지만 말이죠.

시간은 돈이다!

앞서 설명한 바 있는 기회비용을 이용해서도 시간은 돈이라는 개념은 쉽게 설명이 가능합니다. 공기처럼 공짜 같지만 절대 공짜가 아니죠. 허비하는 시간에 다른 일을 해 충분히 다른 가치를 만들어 낼 수 있었다면, 시간은 그만큼의 가치를 갖게 됩니다.

예를 들어, 고급 법률 상담 서비스를 제공하는 변호사는 고객과 몇 시간을 상담했는지에 따라 시간별 상담료를 청구합니다. 변호사가 상담 시간에 다른 일을 해서 벌게 됐을 돈을 상담료로 받아가는 셈이죠. 변호사는 이렇게 시간에 대한 기회비용을 상담료로 청구합니다. 이 때문에 시간의 가치는 사람마다 다릅니다. 아무 경제 활동을 하지 않는 노숙자에게 1시간은 100원의 가치도 없지만, 고가의 서비스를 제공하는 변호사나 의사들에게는 100만원이 넘는 가치가 될 수도 있습니다.

'시간은 금이다' '시간은 돈이다'는 말이 생긴 건, 그만큼 시간의 가치를 소중이 여겨야 한다는 데서 나왔습니다.

특히 요즘처럼 노동의 가치가 커진 사회에서 시간은 점점 더 큰 가치를 갖게 됐습니다. 여러분이 공짜 인터넷 게임을 한다고 해도, 그건 절대 공짜가 아닐 수 있다는 사실을 인식하는 게 중요합니다. 왜냐하면, 인터넷 게임을 할 시간 동안 여러분이 만약 공부를 했다면, 시험 점수를 더 잘 받아서 부모님에게 용돈을 추가로 받을 수도 있기 때문이죠.

시간은 우리에게 무한히 주어져 있을 것 같지만, 다른 어느 것보다도 제한적인 자원입니다. 아무리 오래 사는 사람이라고 해도 우리 인생에는 100년의 시간 밖에는 주어지지 않을 테니까요. 의미 없는 시간은 없습니다. 오늘 자신에게 주어진 시간을 어떻게 활용하느냐에 따라 여러분이 앞으로 가야 할 길에는 많은 차이가 있게 됩니다.

시테크, 시간을 관리하라!

재테크라는 말을 들어봤나요? 재물을 뜻하는 '재(財)'자와 기술을 뜻하는 영어 '테크(Tech)'가 합쳐진 말인데, 모은 돈을 잘 굴려 수익을 많이 낼 수 있게 하는 기술을 뜻합니다. 요즘은 부자가 되고 싶은 모든 사람들이 이 재테크에 열광해, 조금이라도 더 많은 돈을 벌 수 있는 방법을 찾아 열심히 연구하고, 또 실행에 옮기고 있습니다.

'시테크'는 시간을 뜻하는 '시(時)'자와 기술을 뜻하는 '테크(Tech)'를 합쳐 만들어 낸 새로운 말입니다. 시간을 잘 활용해, 어떻게 자기 개발을 효과적으로 할 수 있는가를 연구하는 거죠. 시간 관리는 돈 관리보다 훨씬 더 중요하다고 할 수 있습니다. 똑같이 주어진 시간을 어떻게 사용하느냐에 따라 여러분은 인생의 승리자가 될 수도 있고 패배자로 전락할 수도 있습니다. 우리가 역사 속에서 기억하는 위인들은 대부분 시간 관리에 성공했기 때문에 후세에도 이름을 알릴 수 있었습니다. 미국 헌법의 기초를 마련한 벤자민 프랭클린은 "인생을 사랑한다면 시간을 낭비하지 말라"고 했습니다. 과학자 에디슨은 "변명 중에서도 가장 어리석고 못난 변명은 시간이 없어서"라는 말을 남기기도 했죠.

그렇다면 시간은 어떻게 잘 관리하고 활용할 수 있을까요? 시간 관리에 왕도는 없습니다. 시간은 사용하기에 따라 늘어날 수도, 또 줄어들 수도 있습니다. 시간을 잘 활용했던 사람들의 '비결'을 이해한다면, 많은 도움이 될 수 있을 겁니다. 시간을 잘 활용해 인생의 주인공을 넘어 세기의 위인이 될 수 있었던 사람들이 강조하는 효과적인 시간 관리의 공통점은 다음의 몇 가지로 요약해 볼 수 있습니다.

1) 일과 시간을 계획해야 합니다.

계획했던 일과 계획하지 못했던 일에 대한 대처 방법과 대응 시간은 큰 차이를 보일 수밖에 없습니다. 매일 아침 일과를 시작하기 전이나 잠들기 전, 오늘 할 일과 내일 해야 할 일을 머릿속에서 한 번 정리해보는 습관을 가져 보세요. 계획한 일은 일사천리로 진행될 수 있지만 계획하지 못했던 일은 우왕좌왕할 수밖에 없습니다. 영화배우들은 직접 영화를 찍기 전에 머릿속으로 수 없이 영화 장면의 이미지를 그리고 상황을 설정해 연기를 계획합니다. 그렇게 할 때만 NG없이 좋은 화면을 찍을 수 있죠.

2) 시간의 주인이 돼야 합니다.

효과적인 시간 관리를 위한 기본 전제는 남의 시간에 얽매여 살 것이 아니라 자신의 시간을 조율할 수 있어야 한다는 데 있습니다. '시간이 없다'는 이유 가운데 대부분은 자신의 시간보다는 다른 사람의 시간에 얽매여 있기 때문일 때가 많습니다. 남을 탓할 게 아니라 자신의 시간을 스스로 계획하고 통제하면 여러분이 가진 하루 24시간은 훨씬 더 긴 시간이 될 겁니다.

3) 일의 우선순위를 정해 보세요.

중요한 것과 그렇지 않은 것에 대한 우선순위를 설정해야 합니다. 주위를 둘러보면 항상 뭔가에 매여 있으면서도 별다른 성과를 내지 못하는 사람들이 많습니다. 중요하지 않은 것에는 많은 시간을 할애하고 정작 중

요한 것은 간과해 버리기 때문이죠. 각자의 상황을 고려해 무엇이 중요하고 무엇이 덜 중요한지 우선순위에 맞게 시간을 배분해 보세요. 시간을 훨씬 효율적으로 사용할 수 있습니다.

4) 어려운 일이라도 결정을 미루지는 마세요.

모든 일에 결정을 잘 내리지 못하고 우물쭈물하는 사람들이 있습니다. 이런 사람들의 대부분은 '시간이 없다'는 푸념을 입에 달고 살 수밖에 없어요. 결정을 내리기 위한 고민을 너무 오래하기 때문이죠. 결정에 관한 가장 나쁜 일은, 틀린 결정을 내리는 것이 아니라 결정을 내리지 않고 미루는 것이라고 합니다. 당장 틀린 결정을 내렸다면, 그 결정을 고칠 시간이라도 벌 수 있지만 무조건 결단을 미룬다면 아무 것도 실행에 옮겨지지 않을 뿐 아니라 고칠 수도 없기 때문이죠.

5) 자투리 시간을 활용해 보세요.

하루에는 24시간, 1440분의 시간이 주어집니다. 최소 6시간과 2시간을 잠자는 시간과 밥 먹는 시간이라고 한다면, 우리가 정말 활용할 수 있는 시간은 16시간, 960분으로 줄어듭니다. 많다면 많고 적다면 적은 시간이지만, 혹시 이 시간 동안 자신도 모르게 허비하는 시간이 얼마나 많은지 생각해 본 적 있나요? 하루 30분의 자투리 시간만 잘 활용해도 하루는 훨씬 더 길어집니다. 한 달이면 900분, 1년이면 1만

800분의 시간이 쌓이는데, 시간으로는 180시간, 7.5일이 됩니다. 1년이면 1주일 이상의 시간을 더 쓸 수 있다는 뜻이죠. 공부 잘하는 친구들을 잘 관찰해 보면, 모두 자투리 시간을 얼마나 잘 활용하고 있는지 쉽게 알 수 있을 겁니다.

6) 몰입해 보세요.

공부를 잘하는 친구의 비밀은 뭘까요? 바로 집중, 몰입입니다. 중요한 건 얼마나 오래 공부했느냐가 아니라 얼마나 집중하고 몰입해서 공부를 했느냐입니다. 오랫동안 책상에 앉아 있었다고 해도 잡생각만 했다면, 실제 공부를 한 효과는 거의 없습니다. 반대로, 다만 10분이라도 충분히 몰입했다면 그만큼의 지식을 습득할 수 있습니다. 몰입하고 집중하면 쉽게 해결할 수 있는 문제도 그렇지 않을 때는 평생 풀기 어렵습니다. 어떤 일을 하면서 다른 일을 생각하다 보면 걱정만 커지게 마련입니다. 문제를 해결하고 싶다면, 지금 눈앞의 문제에만 집중해 보세요. 그럼 그 속에서 길을 찾을 수 있을 겁니다.

127

인생의 '3금'

우리가 가진 시간은 과거와 현재, 미래로 나뉩니다. 이 가운데 가장 중요한 건 뭘까요? 혹시 앞으로 만들어 갈, 미래라고 생각하나요? 아닙니다. 가장 중요한 시간은 바로 '지금', 현재입니다.

현재는 과거를 완성하고, 또 동시에 미래를 결정짓습니다. 현재 무엇을 하고 있느냐가, '무엇을 했다'는 과거와 '무엇을 할 수 있다'는 미래를 만들어 냅니다. 같은 의미에서 현재는 과거의 결과이자, 동시에 미래의 뿌리라고 할 수 있습니다. 그러나 사람들은 매순간 찾아오는 지금, 현재의 중요성을 쉽게 잊고 지냅니다. 현재를 통제할 수 없다면 자신이 꿈꾸는 미래도, 후회하지 않을 과거도 만들 수 없습니다.

시계를 만드는 시계공이 생을 마감하는 명작을 만들어 아들에게 시계를 선물했습니다. 이 시계공은 아들에게 선물할 시계를 만들면서 시침은 동으로, 분침은 은으로, 초침은 금으로 만들었습니다. 그러면서 아들에게 이런 가르침을 남겼습니다.

"내가 초침을 황금으로 만든 데는 이유가 있단다. 초침이 가리키는 길이 바로 너를 성공과 실패, 행복과 불행으로 이끄는 길이란다. 1초, 1초를 아끼며 살아야 한다. 1초가 60번 모여 1분이 되고, 그 1분이 60개 모여 다시 한 시간이 되는 거란다"

시간은 돈이다

인생에는 중요한 '삼금(三金 : 세 가지 금)'이 있다고 합니다. 풍요로운 삶을 살 수 있도록 하는 '황금'과 먹을거리를 책임지는 '소금'. 마지막으로 현재를 살아가는 '지금'이라고 하는군요. 황금과 소금은 사실 지금이 아니라도 다시 가질 수 있는 기회가 주어집니다. 그렇지만 지금은, 지금 이 시간이 지나버리면 다시는 우리 힘으로 어쩔 수 있는 게 아닙니다. 그렇게 보면, 인생의 3금에서도 가장 중요한 건, 바로 지금일 겁니다. 지금, 이 책을 읽는 이 시간이 여러분들에게는 가장 중요한 시간입니다. 시계공이 아들에게 남긴 1초, 1초의 교훈을 되새겨 볼 때입니다.

129

경제야 놀자

경제 상식 – 경제 성장과 인플레이션

경제는 성장할 수도, 또 줄어들 수도 있습니다. 경제 성장은 경제 주체가 생산하는 재화와 서비스의 총합이 지속적으로 증가하고 확대되는 현상을 말하는데, 반대로 경제 성장률이 마이너스를 기록한다는 건 재화와 서비스의 생산이 감소한다는 걸 말합니다.

경제가 성장하는 요인은 다양합니다. 가장 먼저 생각해 볼 수 있는 건 인구의 증가. 인구가 증가하면 노동력이 증가하고 소비의 확대를 가져오기 때문에, 이에 필요한 재화와 서비스와 생산도 증가하게 마련입니다. 기술혁신은 과거와 똑 같은 투입을 하고도 더 많은 생산을 가능하게 하는 만큼 경제 성장을 촉진합니다. 기술 혁신을 통해 노동은 물론 자본의 생산성도 높아질 수 있습니다. 세 번째 성장 요인은 자본 축적입니다. 자본이 축적되면 고용이 확대되고 산업구조도 1차 산업에서 2차 산업, 3차 산업으로 더 높은 부가가치를 만들어 낼 수 있는 산업 기반이 마련됩니다.

경제 성장은 일반적으로 국가 단위로 측정이 되는데, 국내총생산(GDP : Gross Domestic Product)이 대표적인 지표입니다. 세계 경제가 글로벌화되면서 경제 주체의 국적보다는 한 국가의 국경 내에서 이뤄지는 경제활동이 중요한 개념이 된 만큼, 국가의 영토에서 이뤄진 산출량의 총합을 나타낸 지표가 GDP입니다. 경제성장은 1년 전과 비교해 해당 국가의 GDP가 얼마나 증가했는지, 또는 감소했는지를 비교해 평가합니다.

GDP를 한 국가의 인구수로 나누면 1인당 GDP가 나옵니다. 1인당 GDP는 국민의 소득 수준을 보여주는 지표로, 완벽하다고는 할 수 없지만 가장 보편적인 소득 평가 지표로 활용되고 있습니다. 경제가 성장해 GDP가 증가할 경우, 인구수에 급격한 변화가 없다면 1인당 GDP 역시 증가하게 됩니다.

경제 성장은 필연적으로 물가 상승을 동반합니다. 경제가 성장하기 위해서는 이를 뒷받침 할 시중의 돈, 통화량 증가가 불가피한데 이렇게 통화량이 증가하면 화폐 가치는 감소하고 제품이나 서비스의 가격은 상승하게 됩니다. 또 경기 활성화로 수요가 증가하면 공급이 이를 제대로 따라가지 못하면서 제품이나 서비스 가격이 오릅니다. 이런 이유로 경제 성장이 이뤄지는 과정에서 어느 정도의 물가 상승은 용인될 수밖에 없고, 또 부수적인 현상으로 평가됩니다.

그렇지만 경제 성장 속도보다도 물가 상승이 빠르게 진행된다면, 이는 경제에 심각한 부작용을 가져오게 됩니다. 물가가 경제성장 보다도 크게 오르면 소비자의 수요는 줄어들게 되는데, 재화나 서비스 가격이 많이 올라 소비자가 더 이상 소비할 여력을 갖지 못하기 때문입니다. 이렇게 화폐 가치가 꾸준히 하락하면서 물가 수준이 전반적으로 상승하는 현상이 지속되는 상황을 '인플레이션(inflation)'이라고 합니다.

인플레이션이 발생하면 소비의 감소는 민간 투자 감소로 이어지고, 자연히 경제는 성장할 동력을 잃어버리게 됩니다. 인플레이션은 또 그 자체로 미래의 인플레이션을 확대 재생산하게 되는데, 앞으로 물가가 더 오를 것으로 예상하는 사람들이 앞다퉈 사재기에 나서면서 미래의 소비를 앞당기려고 하기 때문이죠. 또 물가가 오르면 근로자들은 그에 맞춰 기업에 임금 인상을 요구하게 되고, 이런 악순환이 계속되면서 경제는 활력을 잃고 결국 쇠퇴하게 됩니다.

이 때문에 경제는 인플레이션을 유발하지 않는 범위 내에서 성장할 때 최고의 호황을 누리게 됩니다. 이렇게 인플레이션을 동반하지 않고 이룰 수 있는 최고의 성장률을 '잠재 성장률'이라고 합니다. 한국의 잠재 성장률은 현재 4% 수준으로 평가되는데, 지속적인 경제 성장을 위해서는 잠재성장률을 높이는 게 중요합니다. 잠재성장률을 높이기 위해서는 생산 인구의 증가나 기술 혁신, 자본 축적 등의 노력이 필요합니다.

부모님과 함께 "생각해 보세요!"

일요일 아침 늦게까지 침대에 뒹굴던 석완이. 아침을 먹는 둥 마는 둥 하더니, 식사를 마치기 무섭게 다시 침대 위로 올라갑니다.

더군다나 며칠 있으면 기말고사도 예정돼 있는데 말이죠. 황금 같은 일요일 아침 시간을 잠자는 데만 허비하고 있군요. "석완아, 시간은 금이라고 하는데, 이렇게 잠 잘 시간에, 뭐라도 좀 의미 있는 일을 해야 하지 않겠니?" 보다 못한 아빠가 침대에 누운 석완이를 거실로 불러냅니다. 황금 같은 시간의 중요성, 석완이는 언제나 깨닫게 될까요?

132

· 말에게 채찍과 당근이 주는 의미
· 남한이 북한보다 잘 사는 비결은?

세상을 움직이는 힘, 인센티브

9 인센티브,
세상을 움직이는 힘

시험을 코앞에 둔 석완이는 태평성대입니다. 긴장은커녕 오히려 시험 뒤에 찾아올 방학에만 관심입니다. "공부 좀 해야 하지 않겠니?"라는 엄마의 말은 벌써 100번도 더 들었을 겁니다. 슬슬 엄마의 말에는 짜증이 배어나옵니다.

"석완이 너, 넌 누구를 닮아 그렇게 말을 안 듣는 거야? 엄마는 어려서 안 그랬는데. 너 아무래도 아빠를 많이 닮은 것 같아!"

"아니, 왜 가만히 있는 나를 끌어들이는 거지. 나도 아냐. 석완아, 아빠 별명이 뭐였는지 아니? 모르는 게 없다고 만물박사였다고.. 허허"

"당신, 그렇게 실없는 농담하며 웃고만 있지 말고 석완이 공부 좀 시켜요. 내일 모레가 시험인데 저렇게 TV만 보고 있다니까요"

엄마, 아빠의 목소리가 커지자 눈치를 살피던 석완이가 꼬리를 내리고 방으로 들어가 책상 앞에 앉습니다. 그 뒤를 아빠가 따라 들어갑니다.

"석완아, 학생의 본분이 뭔지 아니. 학생은 배우는 사람이란 뜻이야. 그럼 공부를 해야지. 더군다나 이제 시험도 얼마 남지 않았다며?"

"그거야 알지만.. TV 조금만 더 보고 하려고 했어요."

"아빠도 네 맘을 모르는 건 아니란다. 그럼 우리 이렇게 하는 건 어떨까? 네가 이번 시험에서 평균 90점을 맞으면 용돈을 두 배로 올려줄게"

"에이, 한 번에 그렇게 높게 점수를 잡아 놓으면 어떻게 해요? 그럼 열심히 해도 안 되잖아요"

"그래? 그럼 이렇게 하자. 네가 양심적으로, 목표로 하는 점수를 아빠한테 말하고, 그리고 그 점수를 넘으면 아빠가 용돈을 두 배로 주는 거야. 어때?"

"평균 점수를 85점으로 하기로 해요. 이번 시험에 85점을 넘으면 아빠 꼭 약속 지켜야 해요"

"그럼. 지키고말고. 열심히 해서 목표 점수를 넘겨보렴."

"알았어요. 저 지금부터라도 부지런히 공부해야겠어요. 이제 나가 주세요. 공부해야 하거든요. 하하"

채찍과 당근

우리가 자주 하는 말 가운데 '채찍과 당근'이 있습니다. 사람의 말귀를 알아들을 수 없는 동물을 키울 때, 때로는 엄하게 다스릴 수 있는 채찍이 필요하지만 동시에 적절한 보상과 칭찬이 필요하다는 뜻입니다.

어느 마부가 일 잘하기로 소문난 말 한 마리를 시장에서 사왔습니다.

세상을 움직이는 힘, 인센티브

그런데 말을 판 장사꾼의 말과는 달리 이 말은 새 주인의 말을 도통 듣지 않는 겁니다. 다른 말들은 채찍 한 두 번이면 주인 말을 고분고분 듣게 마련이었지만, 웬일인지 이 말은 채찍질이 사나워 질수록 발길질만 세졌습니다. 마부는 분통을 터뜨릴 수밖에 없었죠.

머리끝까지 화가 뻗친 마부는 장사꾼에게 말을 데려가 말을 도로 바꿔달라고 합니다. 장사꾼은 마부에게 "절대 그런 말이 아니다"라며 그 말에게 당근 두어 개를 물려주고는 조련을 시작했습니다. 그러자 그 말은 언제 그랬냐는 듯, 장사꾼의 지시에 맞춰 부지런히 달리고, 또 달렸습니다. 결국 말을 움직인 건 무서운 '채찍'이 아니라 맛있는 '당근'이었던 셈이죠.

찬바람과 태양이 나그네의 옷을 벗기기 위한 내기에서 태양이 결국 이긴 것도 비슷한 맥락입니다. 찬바람이 나그네의 옷을 벗기려 더욱더 바람을 몰아칠수록 나그네의 옷깃은 더욱 오그라들었지만, 따뜻한 햇볕을 쬐게 된 나그네는 스스로 웃옷을 벗어 던졌습니다.

우리나라 사람으로는 처음으로 노벨평화상을 받은 김대중 전 대통령이 고립된 북한을 평화적으로 개방시키기 위해 북한 정부에 다양한 인센티브를 주기로 약속했던 것도 이런 원리에 바탕을 둔 겁니다. 그래서 '햇볕 정책'이라고 했죠. 햇볕 정책이 북한을 완전한 개방으로 이끌어내는 데는 실패했지만, 대결 구도로만 치닫던 남북 관계를 바꿔 놓는 일대 전기가 된 것은 사실입니다.

경제야 놀자

성과와 보상

말에게 당근은 더 열심히 일하게 하는 '동기'이자 '보상'인 셈입니다. 석완이 아빠가 석완이에게 목표를 달성하면 용돈을 두 배로 올려주겠다고 한 것 역시 석완이에게는 공부를 더 열심히 하도록 만드는 동기이자, 결과를 이뤘을 때 받게 되는 보상인 셈이죠. 사람들은 특정 목표를 달성했을 때 이런 보상이 주어지면 목표를 달성하기 위해 더 많이 노력합니다.

올림픽에서 금메달을 따면 부와 명예가 주어집니다. 이런 부와 명예는 올림픽에 참가하는 사람들에게 동기와 보상입니다. 물론 금메달을 따기 위해 노력하는 과정에서 이뤄가는 자신만의 성취감도 무시할 수는 없지만 현실적인 보상은 운동선수들에게 더 열심히 훈련하고 연습하는 동기가 됩니다. 석완이가 공부를 열심히 해서 시험을 잘 볼 경우, 아버지가 약속한 것처럼 용돈을 두 배로 올려 받을 수 있는 것도 일종의 보상입니다. 시험을 잘 봤을 때 돌아오는 부모님과 선생님의 칭찬, 목표를 달성했을 때 가질 수 있는 자신감과 성취감 등도 모두 시험을 잘 봤을 때 돌아오는 보상이죠. 석완이는 이 '보상'을 받기 위해 더 열심히 공부할 '동기'를 갖게 된 셈입니다.

'인센티브'는 이렇게 어떤 바람직한 행동을 하도록 사람을 부추기는 자극과 이에 대한 보상을 말합니다. 회사에서는 이런 인센티브를 이용해 여러분의 아버지와 어머니가 더 열심히 회사 일을 하도록 유도합니다. 바로 성과급으로 불리는 '보너스'죠.

성과급은 자신이 목표로 했던 일을 초과 달성했을 때, 월급과는 별도로 받게 되는 보너스입니다. 자신이 100만큼의 일을 했을 때 100만원이라는 월급을 받는 사람이, 더 열심히 노력해서 150만큼의 일을 했다고 가정해 보죠. 이 때 추가로 이뤄낸 50에 대해서 회사가 모든 성과를 가져간다면, 그 사람은 더 이상 열심히 일할 이유가 없습니다. 힘들여더 열심히 일해도 100만원을, 열심히 일하지 않아도 100만원을 받게 된다면, 열심히 일할 까닭이 없죠.

이 때 회사가 추가로 번 50만큼을 모두 가져가지 않고, 추가로 성과를 이뤄낸 사람에게 25만큼의 이익을 나눠주기로 한다면, 그 사람에게는 더 열심히 일할 충분한 동기가 생깁니다. 열심히 일해서 25만큼의 보상을 더 받고 싶어 하는 거죠. 만약 25가 아니라 40만큼의 보상을 주기로 했다면 더 열심히 일할 수도 있겠죠. 실제로 많은 회사들이 이런 인센티브를 이용해 회사원들이 더 열심히 일할 수 있는 장치를 만들어놓고 있습니다.

인센티브는 교육보다 효과적이다!

인센티브는 경제생활에서 중요한 역할을 할 뿐 아니라 기대 이상의 성과를 만들어 냅니다. 특히 개인은 인센티브에 민감하게 반응하는데, 개인의 변화를 바탕으로 기업, 국가, 사회의 변화가 시작된다는 점에서 인센티브는 사회를 움직이는 중요한 요인 가운데 하나입니다.

인센티브가 어떤 변화를 가져올 수 있는가를 잘 보여주는 미국 자동차 회사 포드사의 사례가 있습니다. 포드자동차는 수공업 형태로 제작되던 자동차 생산 시스템을 컨베이어 벨트를 이용해 현대적 방식으로 제작한 회사로 유명합니다. 이를 통해 자동차 제작 단가를 획기적으로 떨어뜨렸고, 자동차 판매 가격을 낮췄습니다. 이렇게 되면서 일부 부유층들만 살 수 있었던 자동차는 미국 중산층이 살 수 있을 정도로 가격이 낮아졌고, 미국민 전체의 생활 방식을 바꿔놓을 수 있었습니다.

포드는 컨베이어벨트 시스템을 도입하면서 목표로 했던 자동차 생산 대수를 채울 경우 근로자들의 임금을 두배 높게 올려주기로 했습니다. 기업이 이익을 내기 위해서는 임금과 같은 비용을 최소화하는 게 기본인데, 오히려 근로자 임금을 두 배나 올려주기로 한 거죠. 사람들은 이런 포드의 결정을 이해할 수 없었지만, 오래지 않아 성과들이 나타나기 시작했습니다. 실제 똑 같은 사람들이 동원됐는데, 생산 대수는 두 배로 늘었고 이렇게 늘어난 자동차 판매를 통해 포드사의 이익은 더 많아졌습니다. 임금을 올려주기로 하면서 근로자들은 더 부지런히 일했고,

138

많은 임금을 준다는 소식에 다른 공장에 있던 근로자들까지 포드 공장에서 일하기 위해 줄을 섰습니다. 이렇게 포드 공장에서 일하고 싶어 하는 사람들이 늘면서, 이미 포드 공장에서 일하던 사람들은 누가 시키지 않아도 더 열심히 일했습니다. 만약 생산량이 줄면 인센티브를 받을 수 없을 뿐 아니라 또 게으른 사람이라고 찍혀 일자리를 잃을 수도 있었기 때문이죠. 이미 포드 공장 밖에는 포드에서 일하고 싶어 하는 사람들도 넘쳐 있었으니까요. 이 같은 결과를 두고 포드는 의미심장한 한마디를 남겼습니다. "인센티브는 교육보다 효과적이다." 근로자들에게 백 번 열심히 일하고, 어떻게 하면 업무를 효과적으로 할 수 있는지 교육하는 것보다 당장 그들에게 현실적인 보상, 인센티브를 줄 때 그들은 알아서 일을 잘 처리할 수 있다는 거죠. 물론 인센티브 효과가 언제까지나 유효한 건 아닙니다. 일정 수준 이상에 도달하게 되면 인센티브의 효과는 조금씩 줄어들 수도 있고, 근로자 자신의 동기 부여가 더 중요한 역할을 할 수도 있습니다.

139

소득 2만달러의 남한 VS 1000달러의 북한

남한과 북한의 경제력 차이는 2009년을 기준으로 무려 37.4배에 달합니다. 2009년 남한 경제규모는 8372억 달러, 북한은 924억 달러로, 북한 전체의 경제 규모는 남한의 광주광역시 수준밖에는 되지 않았습니다. 1인당 소득은 남한이 1만7175달러, 북한은 960달러로 소득 차이는 17.8배를 보였는데요, 그 이유는 남한 인구가 4900만 명으로 북한 인구 2400만 명보다 두 배 정도 많기 때문입니다.

사실 1945년 8월 15일, 대한민국이 일제 강점에서 벗어나 광복을 했을 때만 해도 북한의 경제력은 남한과 큰 차이를 보이지 않았습니다. 주요 광물 자원이 북한에 많이 매장돼 있던 까닭에 일본의 사회간접자본 투자가 북쪽에 집중돼 일부 중공업 분야는 북한이 남한을 압도하기도 했습니다.

똑같은 한민족으로 구성된 두 나라가 불과 65년이라는 기간 동안 왜 이런 차이를 보였을까요? 경제 발전에 필요한 3요소는 크게 자본과 노동력, 기술이 꼽힙니다. 1945년 남북한은 모두 똑같은 출발선상에서 뛰기 시작했고, 의미 있는 차이는 없었습니다. 그렇지만 65년이 지난 현재, 결과는 너무나 다릅니다. 남한은 이제 선진국 진입을 눈 앞에 두고 있지만 북한은 굶어죽는 사람들이 속출할 정도로 세계에서 가장 가난한 나라 가운데 한 곳으로 남아 있습니다.

정답은 경제 체제의 차이에 있습니다. 남한은 광복 후 자본주의를 택해 사유재산과 경쟁을 통한 경제 발전을 추구했지만 북한은 공산주의 원칙 속에 재산의 국유화, 공동생산 공동분배를 채택했습니다.

그런데 사실, 북한이 공산주의 원칙을 제대로 실행에 옮겼다면 남북한 경제력 차이는 이렇게까지 벌어지지는 않았을 겁니다. 똑같이 자본주의와 공산주의를 택하며 분단됐던 서독과 동독도 경제력 차이가 있기는 했지만, 남한과 북한만큼의 차이를 보이는 정도는 아니었습니다. 적어도 동독은 자국민들이 추위와 배고픔에 내몰려 얼어 죽거나 굶어 죽는 일이 발생하는 일은 없었습니다.

북한은 김일성, 김정일, 김정은으로 이어지는 김 씨 일가의 3대 세습을 추구하면서 국민들의 이익을 김 씨 일가에 돌리는 데만 집중했습니다. 국민이 열심히 일해서 늘어난 사회적인 재산을 국민들이 공평히 나눠가졌다면 좋았겠지만, 이렇게 늘어난 재산은 국민이 아니라 김일성 일가와 또 김씨 일가의 독재를 지키기 위해 노력한 일부 사람들에게만 돌아간 거죠. 이런 상황이 계속되면서 사람들은 열심히 일하고 싶은 의지를 잃게 됐습니다. 열심히 일해 자신이 아닌 다른 사람들만 잘 살게 된다면, 힘들여 가며 열심히 일할 이유가 없는 거죠. 이런 인식이 몇몇 사람이 아닌 전체 국민에 퍼진다면 경제는 발전할 수 없습니다.

인센티브와 죄수의 딜레마

'딜레마(Dilemma)'라는 말은 자신에게 주어진 선택 범위 내에서 어느 한 쪽을 선택하기 어려운 상황을 말합니다. 어렸을 때 자주 듣곤 했던 "엄마가 좋니, 아빠가 좋니?"라는 질문은 아마 여러분이 처했던 최초의 딜레마였을 겁니다.

죄수의 딜레마(Prisoner's Dilemma)라는 말을 들어본 적이 있을 겁니다. 범죄를 저지른 두 명의 공범이 서로 협력해 죄를 고백하지 않을 경우, 두 사람은 모두 무죄로 석방될 수 있습니다. 그런데 만약 한 명만 죄를 고백할 경우, 범죄 사실을 말하지 않은 사람은 20년 이상의 중형을 받게 됩니다. 자백하는 사람에게는 3년의 짧은 형량만 주어집니다.

이 때 두 사람을 떨어뜨려 따로 조사할 경우 범인들은 고민에 빠질 수밖에 없습니다. 이론적으로는 두 사람 모두 끝까지 범죄 사실을 부인하는 게 최선입니다. 무죄로 석방될 수 있으니까요. 그런데 두 사람을 서로 격리해 수사가 진행되면 사정은 달라집니다. 공범이 자백할지도 모른다는 위험이 있기 때문에, 자신이 먼저 죄를 실토하게 되는 거죠.

두 명의 범죄자에게 인센티브는 범죄를 자백했을 때 받을 수 있는 짧은 형량입니다. 반대로 자신은 약속을 지켜 범죄를 자백하지 않았지만 다른 상대방이 범죄를 시인해 자신만 20년형의 중형을 받게 되는 건 일종의 벌칙인 셈이죠. 이 때 두 사람은 모두 딜레마에 빠지지만, 결국 범행을 자백할 확률이 높아집니다. 만약 두 명의 범인이 서로를 완전히 믿을 수 있고, 서로 의견을 교환할 수 있다면 죄수의 딜레마는 일어나지 않겠지만, 현실에서는 이렇게 죄수의 딜레마에 빠지게 되는 경우가 더 많습니다.

세상을 움직이는 힘, 인센티브

만약 여러분이 이런 상황에 놓여 있다면 어떤 결정을 내리시겠습니까? '의리'가 남다른 두 사람 모두 끝까지 죄를 시인하지 않는 최선의 시나리오가 있지만, 현실에서는 두 사람 모두 자백할 확률이 높습니다. 죄를 자백할 경우 받게 될 '감형'의 인센티브가 있는 반면, 자신만 죄를 고백하지 않아 받게 될 20년형의 중형을 두려워하기 때문이죠.

이런 죄수의 딜레마는 현실 세계에서 언제든지 맞닥뜨리게 될 수 있습니다. 기업들이 서로 약속해 특정 제품의 가격을 한꺼번에 올리는 가격 담합을 적발하기 위해 정부는 이 '죄수의 딜레마'를 이용했습니다. '자진신고자 감면제도'를 도입해서 담합을 했던 회사들 가운데 가장 먼저 담합을 인정하고 담합한 사실을 공정거래위원회에 신고할 경우, 신고하지 않은 회사들에게는 많은 벌금을 매기지만 담합을 신고한 회사에게는 아주 적게만 매기도록 한 거죠. 이 제도를 도입한 이후 결과는 놀라울 정도였습니다. 자진 신고 감면제도를 도입하기 전보다 10배나 많은 가격 담합 신고가 접수된 겁니다.

효과가 입증되면서 한 걸음 더 나가 '선착순 자백' 방식을 추가로 도입하기도 했습니다. 가장 먼저 자백한 회사에게 가장 적은 벌금을 매기고, 두 번째, 세 번째로 신고한 회사순으로 벌금을 깎아주기로 한 거죠. 이 제도를 도입한 후 쉽게 가격 담합을 증명하기 어려웠던 사안도 적지 않게 적발할 수 있었다고 합니다.

경제야 놀자

경제 상식 - 자본주의와 공산주의

1945년 2차 세계대전이 끝난 이후 소련 연방이 무너진 1991년까지 자본주의와 공산주의는 치열한 체제경쟁을 펼쳤습니다. 어느 체제가 국민을 더 잘 살 수 있게 할 수 있는지를 놓고 경주를 한 셈이죠. 결과를 아는 데는 그리 오랜 시간이 필요하지 않았습니다.

1991년 말, 공산주의를 대표하는 소련이 피폐해진 경제 상황을 극복하지 못하고 붕괴했고, 소련의 영향력 아래 있던 동유럽 공산주의 국가들도 공산주의를 버렸습니다. 공산주의를 표방하는 중국 역시 명목상으로는 공산주의를 표방하고 있지만, 경제 개방을 통해 사실상 자본주의 체제로 편입된 상태입니다.

자본주의와 공산주의를 나누는 가장 기본적인 차이는 재산 사유화의 여부입니다. 사회에 대한 인간의 도덕성을 무시하는 건 아니지만, 일단 인간은 기본적으로 자신의 이익을 추구합니다. 자신이 열심히 노력해서 성취한 결과에 대해서는 자신의 소유를 인정받고자 하고, 이 때문에 열심히 일하고자 하는 동기가 생기게 됩니다. 더 열심히 일할 '인센티브'가 자본주의 사회에는 있지만 공산주의 사회에는 없었습니다. 결국 이런 차이가 효율성의 차이를 낳았고, 효율성의 차이가 경제 발전의 속도와 정도를 결정했습니다.

사실 공산주의는 자본주의의 많은 단점을 극복하기 위해 만들어진 제도입니다. 1760년대 말 증기기관이 발명되고 산업혁명이 진행되면서 자본주의는 많은 부작용을 만들어 냈습니다. 경제는 발전했지만 부자는 더 부자가 됐고, 가난한 사람은 더 가난해지는 악순환이 이어졌습니다. 10살도 안 된 어린아이는 탄광에서 하루 15시간이 넘는 시간동안 부지런히 삽질을 해도 겨우 하루 식량을 살 수 있을 정도의 돈만 받을 수 있었습니다. 열심히 일한다고 해서 더 좋은 미래를 만들 수 있다는 희망도 없던 시기였습니다.

자본주의에 맞서 공산주의의 개념을 처음 도입한 독일의 철학자 칼 마르크스(Marx, Karl Heinrich, 1818~1883)는 이런 자본주의의 문제 때문에 자본주의는 반드시 망할 수밖에 없다고 생각했습니다. 결국 열심히 일해도 부자가 될 수 없는 노동자들이 혁명을 일으켜 공동생산, 공동분배라는 '유토피아'적 사회, 공산주의를 탄생시킬 것으로 예상했죠. 실제 많은 국가들이 칼 마르크스의 공산주의에 영감을 받아 공산주의 국가를 탄생시키기도 했습니다.

그러나 시간이 지나면서 자본주의는 더불어 사는 '복지'의 개념을 접목하면서 스스로 발전해 갔습니다. 스스로의 단점을 극복하기 위한 진화를 거듭하며 시대와 사회의 요구에 발맞춰 체제 자체를 변화시켜 갔습니다. 반면 공산주의는 처음 품었던 '공동생산, 공동분배'의 유토피아적 사고를 발전시켜가지 못하고 새로운 특권층을 만들어 내며 부패했습니다. 특히 개인의 창의성과 경쟁의 효율성을 인정하지 않은 까닭에 '모두가 부자가 되자'는 구호를 실행에 옮기지 못하고 모두가 가난한 현실에 봉착하게 됐습니다. 자본주의가 공산주의와의 체제 경쟁에서 승리할 수 있었던 배경에는 자본주의가 가진 경제적 효율성이 있었습니다.

지금도 자본주의에는 해결하지 못한 많은 오류가 있습니다. 이 때문에 많은 국가들은 자본주의를 기본으로 하는 복지국가의 개념을 적극적으로 추진하고 있습니다. 부자들은 더 많은 사회적 책임을 지고, 사회적 약자를 도울 수 있는 많은 제도들을 만들었습니다. 자본주의는 처음부터 최선의 제도는 아니었지만 현실에 맞는 최선의 제도로 변신해 가고 있습니다.

부모님과 함께 "생각해 보세요!"

요즘 중국은 말 그대로 승승장구하고 있습니다.
1979년 덩샤오핑이 개혁, 개방에 나서기 전까지 자국민들을 제대로 먹여 살리기도 힘들었던 중국은 불과 30년 사이에 세계 2위의 경제 대국 자리에까지 올랐습니다. 중국의 경제 수도라고 할 수 있는 상하이의 발전은 정말 놀랍습니다. 아직 공산주의 정치 체제를 유지하고 있는 중국이 개혁, 개방 30년 만에 이렇게 빠른 경제 성장에 성공할 수 있었던 비결은 과연 뭘까요?

146

· 패밀리 세일의 비밀
· 기업과 소비자, 이들의 목표는?

최소 비용으로 최대 효과를!

10 최소 비용으로 최대 효과를!

"석완아, 좀 서둘러. 이러다 우리 늦으면 마음에 드는 옷 하나도 못 건지고 그냥 와야 돼."

"꼭, 이렇게 일찍 가야 되는 거예요? 30분만 더 자고 가요."

토요일 아침, 평소 같으면 늦잠을 자야 할 시간이지만 엄마가 부지런을 떱니다. 왜냐고요? 오늘은 석완이가 좋아하는 유명 브랜드 제품의 '패밀리 세일'이 있는 날이거든요.

아니나 다를까. 이미 행사장 앞은 세일을 기다리는 사람들도 장사진을 이루고 있습니다. 그래도 다행인 건 서두른 효과가 있었던 거죠. 석완이네 가족도, 다른 가족들처럼 줄을 서 입장을 기다렸습니다.

"엄마 말 대로 서두르길 잘 했네요. 이렇게 사람이 많이 몰릴 줄 몰랐어요."

"좋은 옷을 싸게 파니까 사람들이 많이 몰리는 건 당연하지. 다른 사람들도 우리랑 똑같은 생각을 하고 있는 거란다."

"정말 그런 것 같아요. 지난번 백화점 세일에 갔을 때는 맞는 옷이 이미 다 팔려서 마음에 드는 옷은 구경도 못했잖아요."

"그런 거야. 사람들은 누구나 좋은 제품을 싸게 사고 싶어 하지. 그러니까 백화점 세일이나 아웃렛에 가서 쇼핑을 하는 거란다."

서두른 효과가 있었는지, 석완이네 가족은 평소 생각해뒀던 옷 몇 벌을 구입할 수 있었습니다. 석완이도 소풍에 입고 갈 멋진 티셔츠를 펼쳐들고선 어느 때보다 떠 있습니다.

"그런데 아빠. 왜 이 옷을 만드는 회사는 패밀리 세일이라는 걸 해서 물건을 싸게 파나요? 원래 가격에 팔면 더 많은 돈을 벌 수 있잖아요?"

"흠, 설명을 하자면 좀 긴데. 기업들도 패밀리 세일을 하는 게 회사에 더 도움이 된다고 생각하기 때문이야. 회사는 일단 제품을 많이 만들어서 더 많은 소비자들에게 팔려고 하는데, 생각보다 팔리지 않아서 재고로 남는 경우가 있거든. 이렇게 재고로 남는 제품을 오랫동안 보관하거나 그냥 창고에 넣어 놓으니, 조금 깎아줘서라도 일단 팔아서 돈으로 남기는 게 유리하다고 생각하는 거지."

"아하! 그럼 결국 소비자도, 기업도 모두 패밀리 세일이 자신들에게 도움이 된다고 생각하니까 하는 거군요."

"그렇지. 소비자든 기업이든, 결국 똑 같은 생각을 하고 있는 거란다. 어느 거래가 나에게 더 유리할까 말이지. 그래서 항상 소비자와 기업은 보이지 않는 '수 싸움'을 하는 거란다."

인류 진화의 원동력, 효율과 생산성

소비자든, 기업이든 모든 경제 주체들은 효율을 추구합니다. 소비자는 가장 적은 비용을 들여 가장 큰 소비 효과를 누리고 싶어 합니다. 최

소의 비용으로 최대의 효과를 누리고 싶은 거죠. '같은 값이면 다홍치마'라는 우리 속담에는 이 같은 소비자의 욕구가 모두 함축돼 있습니다. 같은 1000원짜리 물건이라면, 가장 좋은 품질의 물건을 사는 게 소비자에게는 가장 득이 됩니다.

석완이네 가족이 편히 쉬어야 할 토요일 아침에 굳이 '패밀리 세일'이 열리는 행사장까지 가서 오랜 시간을 들여 세일 물건을 사기로 한 건, 그렇게 하는 게 백화점이나 일반 매장에 가서 물건을 사는 것보다 훨씬 가계 살림에 유리하기 때문이죠. 패밀리 세일에서 판매하는 제품은 품질에서는 일반 매장에서 판매하는 제품과 큰 차이가 없지만 가격은 50% 이상 저렴합니다. 소비자 입장에서는 50% 적은 비용을 들여 일반 매장에서 제품을 구매했을 때와 같은 만족을 얻을 수 있기 때문에 발품을 들여서라도 패밀리 세일을 이용하는 셈입니다. 백화점 세일이나 교외에 있는 아웃렛 매장에 많은 사람이 몰리는 것도 이렇게 보다 적은 비용으로 최대의 만족을 누리고 싶어 하는 소비자의 욕구가 작동하기 때문입니다. 10만원의 가치가 있는 제품을 5만원에 사는 것과 9만원에 사는 것에는 분명 큰 차이가 있습니다.

반대로 기업은 가장 적은 돈을 들여 가장 많은 제품을 만들고자 합니다. 그래야 기업이 추구하는 '이익 극대화'를 이뤄낼 수 있으니까요. 1000원을 들여 1500원 어치의 제품을 만들 수 있다면, 기술 개발이나 원가 절감을 통해 1000원보다 낮은 가격으로 제품을 만들기 위해 기업은 끊임없이 노력합니다. 1000원보다 낮은 가격에 제품을 만들 수 있다면, 생산 비용이 줄어든 만큼 기업의 이익은 증가합니다. 기업이 끊임없이 연구개발(R&D)나 생산 자동화 등을 통해 원가 절감을 추구하는 것도 같은 맥락입니다. 비용을 줄여, 그 줄어든 만큼을 기업의 이익으로 가지고 싶어 하는 거죠.

사실 인류 역사와 경제의 발전은 이렇게 '최소의 비용으로 최대의 효과'를 거두려는 경제 주체의 기본 욕구에서 비롯됐다고 해도 과언이 아닙니다. 같은 값으로 최대의 효과를 거두려는 '최대 효과원칙'과 같은 효과를 얻기 위해 최소의 비용을 지불하고자 하는 '최소 비용의 원칙'은 기본적인 경제원리입니다.

이런 경제 원리를 조금 경제적인 용어로 표현하면 효율성과 생산성이라는 단어로 설명할 수 있습니다. 효율성(efficiency)은 들인 힘

최소 비용으로 최대 효과를!

에 비해 실제 효과를 낸 정도를 측정하는 지표입니다. 만들어낸 결과를 들인 힘으로 나눈 후 100을 곱해 %로 표시(출력/입력 x 100)하는 데, 예를 들어 100원짜리 물건을 100원을 들여 만들었다면 효율은 100%(100/100 x 100 = 100%)가 됩니다. 그런데 들인 비용을 절반으로 줄인다면 효율은 200%(100/50 x 100 = 200%)가 돼, 비용을 100원을 들였을 때보다 2배나 높은 효율을 거두게 되는 셈이죠.

생산성(productivity)도 이와 비슷한 개념입니다. 생산성은 생산과정에서 생산을 위해 투입된 자원을 얼마나 효율적으로 사용했는지를 계량화 한 척도입니다. 생산성이 높을수록 더 적은 자원을 투입해 많은 양의 제품이나 서비스를 제공할 수 있었다는 뜻이고, 반대로 생산성이 낮다는 건 많은 자원을 투입하고도 그만한 결과물을 만들어 내지 못했다는 뜻입니다. 기업은 생산성을 높이기 위한 혁신을 계속합니다. 이익 추구를 기본으로 하는 기업의 운명에서 혁신을 통해 생산성을 높이고 비용을 줄여나가기 위해 노력하는 건, 어쩌면 기업의 숙명이라고 할 수 있습니다.

농업혁명과 산업혁명, 정보혁명

인류는 생산성을 높이기 위해 지속적으로 노력해 왔고, 그 결과 현재의 물질적인 풍요를 이뤄냈습니다. 이 과정에서 인류는 생산성을 비약적으로 높인 세 번의 생산성 혁명을 경험했는데, 경제학자들은 이를 농업혁명(BC 8000~6500년)과 산업혁명(18~19세기), 정보혁명(20세기 ~현재)으로 구분해 설명합니다.

– 인류 문명의 씨앗 농업혁명

인류의 삶을 수렵과 채집생활에서 농경과 정착생활로 변화시킨 첫 번째 생산성 혁명은 농업혁명입니다. 농업혁명은 지금으로부터 약 1만 년 전인 기원전 8000년경부터 기원전 6500년까지 전 세계에 걸쳐 진행된 것으로 알려졌습니다.

처음 농업혁명을 이뤄낸 곳은 현재 이란에서 팔레스타인으로 이어지는 오아시스 인근으로, 이 사람들은 이전까지의 유목생활을 버리고 오아시스 인근에서 농사를 짓고 촌락을 구성하기 시작했습니다. 오아시스에서 물을 끌어들여 곡물을 재배하기 시작했고, 가축 사육이 보편화됐습니다.

농업혁명은 인류의 기본적인 의식주에 변화를 가져왔습니다. 경작과 가축 사육으로 생산성이 높아지면서 인구가 본격적으로 증가하기 시작

최소 비용으로 최대 효과를!

했고, 혈연 중심의 씨족 사회가 출현하게 됐습니다. 수명도 획기적으로 증가해 지식의 축적이 가능해졌고, 이렇게 축적된 지식은 세대를 거쳐 전수되면서 경제 발전의 선순환을 가져왔죠. 이 시기에는 농사를 짓거나 보관하기 위한 도구의 사용도 본격화됐는데, 주로 돌을 이용해 만들었기 때문에 농업혁명은 '신석기 혁명'으로도 통합니다.

– 인간을 대체할 새로운 동력의 발견, 산업혁명

농업혁명 이후 새로운 생산성 혁명이라고 할 수 있는 산업혁명이 이뤄지기 전까지 인류는 많은 시간을 보내야 했습니다. 물론 그 사이 바퀴의 발견이라든가 문자와 인쇄술의 발명, 의학기술의 발달, 농업기술의 진화, 화약기술의 발명 등 등 크고 작은 생산성 진화를 이뤄냈지만 농업혁명에 비할 바는 아니었습니다.

그러던 사이 18세기 말, 농업혁명과 견줄만한 새로운 생산성 혁명이 시작됐습니다. 그동안 사람의 힘이나 동물, 바람과 같은 자연의 힘만을 이용해 왔던 인류가 새로운 동력을 만들어 내는 데 성공한 겁니다.

산업혁명의 시발점은 증기기관의 발명이었습니다. 스코틀랜드의 발명가 제임스 와트는 1769년 증기기관을 만들어 산업혁명의 불씨를 당겼습니다. 1760년부터 1850년대 초까지 약 1세기에 걸쳐 진행된 산업혁명의 가장 큰 특징은 공작기계의 등장입니다. 이전까지 집 안에서 소규모 수공업에 국한됐던 제품의 생산은 방직기계를 시작으로 생산현장

153

의 전 부문으로 확산됐습니다. 특히 증기기관을 이용한 기선과 철도의 대중화, 철강 기술의 발전은 경제 발전의 원동력이었습니다. 산업혁명에 가장 먼저 성공한 영국은 이를 통해 '해가지지 않는 대영제국'의 기반을 마련했고, 영국에 이어 산업혁명에 성공한 독일과 프랑스 등 유럽의 여러 나라와 미국은 세계사를 주도할 수 있는 선진국의 기초를 닦았습니다. 사실 산업혁명이 일어나기 전까지만 해도 인류 역사의 중심은 중국을 중심으로 한 동양에 있었다고 해도 과언이 아니었지만, 산업혁명을 계기로 역사의 주인공은 급격히 서구사회로 옮겨갔습니다.

산업혁명이 가져온 사회의 변화는 더욱 놀라웠습니다. 중세시대의 봉건제가 산업혁명을 계기로 붕괴했고, 자본주의와 공산주의라는 새로운 체제가 출현했습니다. 봉건사회를 구성했던 농민들은 노동자계급으로 변모해갔고, 이미 많은 자본을 축적했던 사람들은 자본가로 발전했습니다. 또 공장이 몰린 거대 도시가 자연스레 생겨났고, 도시의 발전은 대중이 국가의 주인이 되는 민주주의의 출현을 도왔습니다. 불과 1세기만에 진행된 산업혁명은 이렇게 경제와 철학, 정치 체제 등 사회 전체를 바꿔 놓으면서 인류 발전의 원동력이 됐습니다.

- 컴퓨터, 인터넷이 가져온 정보혁명

산업혁명 이후 산업사회가 고도화되면서 사회는 탈공업사회, 정보사회로 발전해 왔습니다. 산업혁명을 통해 인간의 육체노동을 기계가 대신하기 시작하면서 인류의 노동은 육체노동에서 지적인 영역의 정신노동으로 빠르게 변화했습니다. 정보혁명은 이런 인류의 정신노동에 일대 변화와 혁신을 가져오면서 정신노동의 생산성을 혁명적으로 높이는 계기가 됐습니다.

정보혁명은 컴퓨터의 발명과 대중화, 이를 통한 네트워크 기술의 발달에서 시작됐습니다. 1940년 개발된 컴퓨터는 계산(Calculation)과 제어(Control), 통신(Communication)을 획기적으로 변화시켰습니다. 이 때문에 정보혁명은 '3C혁명'으로도 불리는데요, 계산과 제어, 통신이 자동화되면서 산업 현장은 자동화의 기반을 갖추게 됐습니다. 사람이 계산하지 않고 제어하지 않아도, 이미 정해진 프로세스의 입력과 변형을 통한 자동화는 농업혁명과 산업혁명의 뒤를 잇는 생산성 혁명을 가져왔습니다.

특히 컴퓨터를 네트워크로 연결해 정보의 소통 방법을 송두리째 바꾼 인터넷은 정보혁명의 하이라이트로 꼽힙니다. 인터넷이 없는 세상, 여러분은 지금 상상도 할 수 없을지 모르지만, 불과 20여년 전만 하더라도 인터넷은 전 세계에서 아주 소수의 사람들만이 이용할 수 있었습니다. 인터넷의 발달은 시간과 공간을 초월하는 수준의 정보 축적과 교류를 가능하게 했습니다. 1990년대 중반부터 시작된 인터넷의 대중화는, 도입 초기에는 제한적인 역할밖에는 수행하

지 못했지만 IT기술의 발달과 함께 많은 사람들이 인터넷을

이용하게 되면서 보통 사람들의 생활 패턴까지 송두리째 바꿔놓고 있습니다.

정보혁명은 아직 진행형입니다. 컴퓨터의 발명에서 인터넷의 대중화, 여기에 스마트폰으로 대표되는 모바일 혁명까지, 현재도 진행 중인 정보혁명이 앞으로 우리 사회를 어떻게 바꿔놓을지, 미래의 역사학자들이 정보혁명을 어떻게 정의하고 평가할지, 벌써부터 궁금해집니다.

뛰는 소비자, 나는 기업

소비자는 가장 적은 비용을 들여, 가장 큰 만족을 얻고자 합니다. 기업 또한 가장 적은 비용을 들여 소비자에게 가장 큰 만족을 주기 위해 노력합니다. 결국 소비자와 기업은 최소의 비용으로 최대의 효과를 거두고자 하는 같은 목표를 향해 뛰게 됩니다. 이렇게 효율과 생산성을 높이려는 소비자와 기업의 끊임없는 노력이 현재와 같은 경제적 발전을 가져왔다고 해도 과언이 아닙니다.

요즘 소비자들은 인터넷 가격 비교 사이트를 통해 같은 제품이라고 해도 가장 낮은 가격에 살 수 있는 곳을 열심히 찾아 헤맵니다. 조금이라도 싸게 살 수 있는 아웃렛을 찾거나 세일을 활용해 쇼핑하는 건 기본이죠.

기업은 이런 소비자의 욕구를 만족시키기 위한 고민을 계속합니다.

최소 비용으로 최대 효과를!

소비자에게는 최고의 만족을 제공하면서도, 기업이 지속적으로 이익을 낼 수 있는 혁신은 기업의 숙명입니다. 기업은 이를 위해 소비자의 행동을 연구하고, 분석하고, 또 예측합니다. 최소의 비용으로 최대의 만족을 위해 '뛰는' 소비자, 그런 소비자를 만족시키기 위해 '나는' 기업. 다시 기업을 넘어서려는 소비자. 이렇게 반격에 반격을 거듭하는 소비자와 기업의 보이지 않는 싸움은 인류 발전의 원동력이 되고 있습니다.

교육, 비용이 아닌 투자!

세계 초일류 기업들은 자신들이 원하는 최고의 인재를 선발해, 그들이 자신의 능력을 최대한 발휘할 수 있는 환경을 제공하기 위해 노력합니다. 최고의 인재들이 그들의 역량을 발휘해 최대의 성과를 만들어 내기를 원하기 때문입니다. 이런 기업들의 노력은 다시 세계 초일류 기업을 유지하는 원동력이 됩니다.

기업은 인재를 선발한 후, 임직원들에 대한 교육에도 많은 시간과 돈을 할애합니다. 한국의 주요 기업들은 대학을 졸업하고 입사한 신입사원들에게 평균 2년 가까운 기간 동안 6000만원이 넘는 돈을 들여 업무와 관련한 교육을 실시한다는 조사 결과도 있습니다. 특히 대기업은 1

억원이 훨씬 넘는 금액을 재교육에 투자한다고 합니다.

그럼 이렇게 기업이 많은 돈을 들여 임직원들을 교육하는 이유는 뭘까요? 정답은 간단합니다. 지금 당장 들어가는 임직원들의 교육비는 '비용'일지 모르지만, 결국 교육은 새로운 지식으로 무장한 근로자들을 만들어 내는 '투자'가 돼 높은 생산성을 가져오게 되기 때문입니다. 당장 100원의 돈을 근로자들의 교육비로 지출했을지 모르지만, 임직원들의 생산성을 높여 100원 이상의 성과 개선을 가져왔다면, 이보다 더 좋은 투자는 없습니다. 눈에 보이는 공장이나 생산시설에 대한 투자만 투자가 아닙니다. 요즘은 이렇게 눈에 보이지 않는 인재에 대한 투자가 훨씬 더 중요한 시기입니다.

적극적인 재교육을 통해 세계 최고 기업의 자리를 유지하고 있는 대표적인 회사가 바로 '제너럴 일렉트릭, GE'입니다. 발명왕 에디슨이 설립한 회사로 유명한 GE는 100여 년이 넘는 기간 동안 끊임없는 혁신과 사업 확장을 통해 세계 초일류 기업의 자리를 지켜 왔습니다.

이렇게 GE가 한 세기 넘는 기간 동안 세계 최고의 자리를 유지할 수 있었던 배경으로 많은 경영 전문가들은 '교육의 힘'을 꼽습니다. GE는 임직원들을 대상으로 경쟁회사보다 훨씬 많은 교육 기회를 제공하면서, 조직의 성과를 개선할 수 있도록 했습니다. GE가 운영하는 사내연수원 '크로톤빌'은 재교육에 대한 GE의 경영 철학이 담겨 있습니다.

일본 최대 전자업체 가운데 한 곳인 파나소닉 역시 임직원에 대한 투자를 아끼지 않는 기업으로 꼽힙니다. 특히 일본 '경영의 신'으로 평가 받는 설립자 마쓰시타 고노스케가 "마쓰시타는 무엇을 만드는 회사입니까"라고 묻는 사람들의 질문에 "사람을 만드는 곳입니다. 그리고 전기 제품도 만듭니다"라고 답한 일화는, 일본 최고의 전자 기업을 일군 기업 문화를 알 수 있는 대표적인 사례일 겁니다.

경제야 놀자

경제 상식 - 규모의 경제(Economy of Scale)

할인마트에 가면 묶음 판매 제품을 많이 볼 수 있습니다. 새우깡 한 봉지의 가격은 700원이지만 세 봉지를 사면 2100원이 아니라 1800원만 내면 되는 식입니다. 또 300g들이 한 봉지가 700원이라면 900g이 들은 큰 봉지 새우깡은 '산술적으로' 2100원을 받아야겠지만, 1600원만 받습니다. 일종의 할인판매인 셈입니다. 소비자 입장에서도 많은 제품을 살 경우 더 싼 가격에 구입할 수 있으니, 이익이 됩니다.

이렇게 여러 제품을 사거나 큰 용량의 제품을 살 때 할인을 받을 수 있는 이유는 기업들이 그렇게 하더라도 충분히 이익을 낼 수 있기 때문인데요, 여기에는 '규모의 경제'라는 경제 원리가 작용하고 있습니다.

규모의 경제는 대량 생산을 할 경우 기업의 단위당 생산 비용이 줄어드는 현상을 말합니다. 적은 규모로 제품을 만들 때는 제품 생산 단가가 높지만, 제품 생산량을 늘렸을 경우 제품 생산량에 완전히 비례해서 비용이 증가하는 게 아니라 그보다는 훨씬 적은 비용만 증가하게 됩니다. 새우깡을 한 봉지를 만들 때 200원의 비용이 들었다면 두 봉지를 만들 때는 170원, 세봉지리를 만들 때는 150원의 추가 비용만 더 들이면 된다는 뜻이죠.

규모의 경제가 가능한 이유는, 분업에 따른 생산 전문화와 경영의 효율성 등 여러 원인을 꼽을 수 있습니다. 예를 들어 새우깡을 만드는 데 필요한 원료인 밀가루를 조금 살 때보다 많이 샀을 때 할인을 받아 싸게 살 수 있는데, 이런 요인 하나하나가 모여 규모의 경제가 되는 겁니다.

또 다른 원인으로는 고정비용을 줄일 수 있다는 데 있습니다. 하나의 제품을 생산할 때나 많은 제품을 생산할 때나 반드시 필요한 고정비용이 있게 마련인데, 많은 제품을 생산했을 때는 고정비용을 많은 제품이 나눠 부담하기 때문에 한 제품 당 추가 비용은 줄어듭니다. 많은 대기업이 시장 점유율을 높여 더 많은 제품을 만들어 팔려고 하는 이유도 규모의 경제를 이용해 더 많은 이익을 거둘 수 있을 것으로 기대하기 때문이죠.

그렇다고 규모의 경제가 무한하게 존재하는 건 아닙니다. 어느 정도 선까지는 규모의 경제를 통해 한 제품당 생산비용을 줄일 수 있지만, 그 선을 넘어서면 경영의 비효율이

나타나면서 생산비가 증가하게 되는데, 이 때문에 기업은 규모의 경제를 통해 가장 효율
적인 생산량을 분석하는 게 중요합니다.

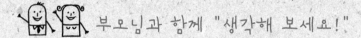 부모님과 함께 "생각해 보세요!"

　IT기술의 발달로 페이스북과 트위터 같은 소셜네트워크서비스
(SNS)가 빠르게 확산되고 있습니다. SNS는 인터넷이 세상을 바
꿔놓은 것처럼 빠르게 세상을 변화시키고 있습니다. 얼마 전 석완이
엄마는 SNS를 활용한 공동 구매, 이른바 '공구'로 아이패드2를
구입했습니다. 석완이 엄마가 공동구매로 아이패드2를 시중에서 살
때보다 10% 이상 저렴하게 살 수 있었던 비결은 과연 뭘까요?

· 아빠가 다니는 회사는 어떤 곳일까?
· 주식회사의 주인은 누구일까?

자본주의의 꽃, 주식회사

11 자본시장의 꽃 주식회사

석완이는 신문을 열심히 보기 시작했습니다. 요즘 신문을 통한 교육 (NIE)가 학교에서 유행하면서, 선생님이 신문을 꾸준히 읽어보라고 했다나요.

신문을 읽기 시작하면서부터 석완이의 질문 공세가 시작됐습니다. 하긴, 신문을 이제 막 읽기 시작한 석완이가 신문에 난 기사를 모두 이해하기란 여간 어려운 일이 아닐 겁니다. 사회나 스포츠면은 그래도 어느 정도 읽을 수 있겠지만 특히 경제면에 가서는 도통 모르는 얘기들뿐입니다.

"아빠, 원래 경제는 어려운 거예요? 신문을 읽는데 도통 경제면에 나오는 기사는 이해할 수가 없어요. 말도 너무 어렵고 숫자들도 많아요. 그런데 어른들은 이 어려운 경제 뉴스를 어떻게 다 읽는 거예요?"

"사실 어른들도 다 이해하지 못하고 경제 뉴스를 읽을 때가 많단다. 그런데 신문에서 경제뉴스만큼 중요한 소식도 없단다. 어렵더라도 차근차근 읽는 습관을 들이면서 조금씩 이해해야지."

"그런데, 아빠. 기사는 없고 이렇게 회사 이름하고 숫자만 빼곡한 이건 뭐예요?"

"아, 주식 시세표를 두고 하는 말이구나. 그 표는 어떤 회사의 주가가 얼마에 거래됐고, 그 날 얼마나 오르고 내렸는지를 한눈에 보여주는 표란다. 주식에 투자한 사람들은 그 표를 보면서 자기가 가진 회사의 주가를 확인하지."

"그럼 이 많은 게 모두 회사 이름이란 말이예요? 이렇게나 많은지 몰랐어요. 그런데 주가는 이렇게 매일 매일 변하는 건가요?"

"그렇지. 이렇게 매일 가격이 변하기 때문에 주식투자자들이 있는 거란다. 싸게 주식을 사서 비쌀 때 팔아서 돈을 벌겠다는 거지. 그럼 오늘은 아빠가 주식투자에 대해서 한 번 설명해 줄까? 자랑 같지만 아빠가 예전에 주식투자와 관련한 책들도 여러 권 냈었단다! 대단하지? 하하하!"

주식회사, 자본주의 최고의 발견

여러분의 아버지나 어머니가 출근해서 일하는 회사는 어떤 곳일까요? 회사는 많은 임직원들이 모여 돈을 벌고, 그렇게 해서 번 돈을 직원들이 '월급'이라는 이름의 임금으로 나눠 갖는 곳입니다. 임금을 주고도 남는 돈은, 그 회사의 주식을 소유하고 있는 '주주'들이 회사를 소유한 비율대로 나눠 갖게 됩니다.

삼성전자, 현대자동차, LG전자, SK텔레콤 등 한국 경제를 대표하는 대기업들은 모두 이런 주식회사입니다. 처음에는 창업주 개인이 사업을 시작했을 수 있지만 사업이 커지면서 더 많은 돈이 필요했고, 다른 여러 사람들로부터 돈을 모아 주식회사로 발전하게 됐죠. 물론 규모가 작은 회사 가운데는 주식회사가 아니라 한 개인이 소유한 곳도 있죠. 이런 곳은 주식회사가 아니라 개인사업자인 경우가 대부분입니다.

주식회사는 다수의 주주들이 회사의 기본이 되는 '자본금'을 대고 임직원을 고용해 이익을 만들기 위해 존재하는 기업입니다. 한 명이 돈을 대는 게 아니라 여러 명이 돈을 모아 설립한다는 게 가장 큰 특징이죠. 이렇게 기업을 만들기 위해 투자한 돈을 '자본금'이라고 하고, 또 자본금에 돈을 투자하는 걸 '출자'라고 합니다. 주식회사의 주주는 최소 2명에서 많게는 수만 명이 될 수도 있습니다. 주주는 자신이 자본금에 출자한 비율대로 회사 경영에 대한 자신의 지분을 갖게 되고, 발언권을 갖게 됩니다. 예전에는 주식회사를 만들기 위해서는 최소 자본금이라고 해서, 5000만 원의 자본금을 규정하고 있었지만 요즘은 이런 규정이 없어져 얼마든지 더 적은 금액으로도 주식회사를 만들 수 있습니다.

주식회사의 특징 가운데 하나는 자신이 출자한 범위 내에서만 책임을 지면 된다는 점입니다. 예를 들어 주주들이 모두 투자한 돈이 10억 원인 회사에 1억 원을 투자했다면, 회사가 망해도 자신이 투자한 1억 원까지만 책임을 지게 됩니다. 그러니까 최악의 경우라고 하더라도 더 이상의 책임 없이 자신이 투자한 돈의 범위 내에서만 손실을 안게 됩니다. 이 사실이 중요한 이유는, 무한 책임을 지게 될 경우 발생하는 부작용 때문입니다. 한 사업에 실패했다고 해서, 그 실패에 대한 모든 책임을 묻게 된다면 누구도 선뜻 기업을 하려고 하지 않을 겁니다. 그렇게 되면 기업이 적어지고, 기업에서 채용하는 직원들이 적어져 경제가 위축되는 악순환이 발생할 수밖에 없으니까요.

이렇게 쉽게 자금을 모아 회사를 설립할 수 있고, 또 자신이 투자한 부분에만 책임을 진다는 두 가지 장점 때문에 주식회사는 발전에 발전을 거듭했습니다. 세계 경제를 좌우하는 대부분의 기업들이 주식회사를 표방하고 있고, 주식회사가 생겨나면서 경제는 비약적인 발전을 해왔습니다. 이 때문에 많은 경제학자들은 주식회사를 '자본주의 최고의 발명품'이라고 평가하기도 합니다.

그럼 이 주식회사의 경영은 누가 맡아서 하게 되는 걸까요? 바로 '대표이사'라는 직책을 가진 사람입니다. 예전에는 그 회사의 가장 많은 지분을 가진 사람이 대표이사를 맡는 경우가 많았습니다. 이 경우 회사를 소유했다고 해서 '오너(owner: 소유한 사람)'라고 했죠. 하지만 요즘은 오너가 직접 경영을 하는 것보다 '최고경영자(CEO : Chief Executive Officer)'를 선임해 경영을 맡기는 경우가 많아졌습니다. 소유는 돈을 많이 댄 사람이 하지만, 경영은 그 회사를 가장 잘 경영할 수 있는 사람에게 맡기게 된 셈이죠. 이렇게 주식회사는 소유와 경영이 분리되는 추세를 보이고 있습니다.

최초의 주식회사, 영국의 동인도회사

그럼 역사상 최초의 주식회사는 언제, 왜 어떻게 생겼을까요? 많은 경제학자들은 최초의 주식회사로 16세기에 설립된 영국의 동인도회사를 꼽습니다. 당시 영국은 세계 최강의 국력을 자랑하며 세계 곳곳에 식민지를 건설하고 있었습니다. 이 때 영국은 인도의 식민 통치를 통해 각종 자원을 수출입하고, 이를 통해 막대한 이익을 거두기 위해 설립한 동인도회사 설립을 승인했는데요, 동인도회사는 주식회사의 효시로 평가됩니다.

당시 동인도회사는 영국 정부로부터 인도와 상품을 교역할 수 있는 독점적인 권리를 인정받았지만, 인도에서 물건을 수입해 영국에 내다 팔아 이익을 내기 까지는 많은 위험이 따랐습니다. 풍랑을 만나 배가

전복될 수도 있고, 해적을 만나 약탈을 당해 빈털터리로 돌아올 수도 있었죠. 이 때문에 한 사람이 모든 돈을 대고 무역을 하기는 쉽지 않았고, 여러 사람이 돈을 모아 회사를 만들어 혹시 모를 위험에 대비할 필요가 생겼습니다. 손해가 나면 여러 사람이 나눠서 손해를 부담하면 되고, 이익이 나면 각자 돈을 댄 만큼의 비율대로 이익을 나눠가지면 되는 식이었죠. 바로 주식회사의 장점을 그대로 활용한 겁니다.

주주와 배당금

주식회사의 주인은 바로 '주주'입니다. 회사의 자본금을 댄 사람들이죠. 그럼 회사의 주인, 주주는 어떤 권리를 갖게 될까요. 우선 회사 경영에 참여할 수 있는 발언권을 갖게 됩니다. 전체 자본금 가운데 자신이 가지고 있는 주식 수의 비율만큼 회사 경영에 참여할 수 있습니다. 예를 들어 자본금 10억인 회사에 1억 원을 출자한 사람은 10%의 경영권을 갖습니다. 4억원을 출자한 사람은 40%의 발언권을 갖게 되고, 나머지 사람들도 각자 돈을 댄 비율대로 회사의 의사결정에 참여할 수 있습니다. 주주들은 대표이사가 마음에 들지 않으면 의견을 모아 바꿀 수도 있고, 어떤 사업을 새로 시작할지 그만둘지를 결정할 수 있는 권리가 있습니다. 다만 이때 주주들 사이에 의견이 일치하지 않는다면 각자 주식 비율대로 권리를 행사하고, 가장 많은 주주들의 지지를 얻어낸 의견이 채택됩니다.

또 다른 중요한 권리는 기업이 낸 이익을 나눠가질 수 있는 권리입니다. 이를 '배당'이라고 하는데요, 회사가 임직원에게 월급을 모두 주고 정부에 세금을 내고도 남는 돈이 생기게 되면 이 돈은 주주들이 가져갈 수 있습니다. 대게 주식회사들은 1년을 단위로 한 해 동안 벌어들인 돈이 얼마인지, 이 돈을 어떻게 처리할 것인지 결정하게 되는데 이 때 주주에게 1주당 얼마씩 나눠줄 것인지를 결정하게 됩니다. 주주는 자신이 가진 주식 수만큼 배당을 받게 되는데, 이 때 받는 돈이 배당금입니다. 사실 기업을 설립할 때 주주로 참여하는 가장 기본적인 이유는 바로 이 배당금을 받기 위한 겁니다. 사업을 성공시켜 이익을 많이 내고, 이 익을 나눠갖는 게 주주의 가장 큰 목표입니다.

169

주식투자의 미학

주식회사는 처음에 몇 명 안 되는 주주들이 참여하게 됩니다. 그렇지만 기업 규모가 커질수록 더 많은 돈을 필요로 하기 때문에 계속해서 더 많은 주주를 필요로 합니다. 이럴 경우 주식회사는 더 쉽게 돈을 모으기 위해 '상장'이라는 걸 하게 되는데, 상장은 많은 사람들이 자기 회사의 주식을 쉽게 시장에서 거래할 수 있도록 주식을 시장에 공개하는 겁니다.

우리나라에서는 한국거래소라는 공공기관이 상장한 기업들의 주식이 투자자들 사이에서 자유롭게 거래될 수 있는 '시장'을 제공합니다. 바로 이게 한국 주식시장입니다. 한국 주식시장은 설립한지 오래되고 우량주가 주로 몰려 있는 '유가증권 시장'과 새로 생긴 기업들이 많이 상장돼 있는 '코스닥 시장'으로 구성됩니다.

대우증권, 삼성증권과 같은 증권사들은 주식시장에 상장된 주식을 사고 팔 수 있는 창구입니다. 주식을 사고팔기 위해서는 이런 증권사에 은행통장과 비슷한 '증권 계좌'를 만들어야 하고, 이 계좌를 통해 주식을 사고 팔수 있습니다. 쉽게 생각하면 거래소는 시장, 증권사는 시장에 들어갈 수 있는 입장권을 파는 곳, 수많은 기업의 주식은 시장에서 거래가 이뤄지는 하나하나의 제품이라고 할 수 있습니다.

일단 기업의 주식이 시장에 상장되면 그 때부터 주가는 분 단위도 모자라 초 단위로 움직이게 됩니다. 이렇게 주가가 오르고 내리는 원칙은 다른 모든 상품의 가격이 정해지는 것과 비슷합니다. 그 주식을 사려고 하는 사람(수요)이 많으면 주가는 오르고 반대로 팔려고 하는 사람(공급)이 많으면 주가는 내리게 됩니다.

그럼, 왜 어떤 회사의 주식을 사려는 사람은 많고 또 어떤 기업의 주식을 팔려는 사람이 많을까요? 여기에는 크게 두 가지 이유가 있습니다. 우선 주식을 가진 사람의 특권이라고 할 수 있는 배당을 꼽을 수 있습니다. 배당을 많이 받을 수 있다는 건, 그만큼 그 기업이 많은 이익을 내고 있다는 뜻이고, 주식투자자는 당연히 이익을 많이 내는 기업의 주인이 되려고 합니다.

두 번째는 지금 낮은 가격으로 주식을 사서 높은 가격에 다른 사람에게 주식을 팔아 차익을 올릴 수 있다는 기대감(Buy low, Sell high)입니다. 비록 지금은 별 볼일 없는 회사라고 하더라도 시간이 지나 좋은 회사로 성장하면 그 때는 지금보다 훨씬 높은 가격에 팔 수 있습니다. 이렇게 좋은 회사로 성장할 가능성이 높은 회사의 주식은 사려고 하는 사람이 많습니다.

주식투자를 통해 수익을 얻을 수 있는 배당과 시세차익을 가능하게 하는 가장 근본적인 힘은 기업의 이익입니다. 기업이 이익을 내야 배당도 할 수 있고, 이익이 앞으로 많이 증가해야 주가도 오를 수 있기 때문이죠. 그래서 투자자들은 매 분기(3개월), 반기(6개월), 연간으로 해당 기업이 어느 정도의 이익을 냈는지를 중요하게 여깁니다. 만약 손실이 났다면 왜 손실이 났는지, 또 앞으로의 기업 이익은 어떻게 변할 것인지를 예상해 그 기업의 주식을 살 것인지 아니면 팔 것인지 의사결정을 하게 됩니다.

투자자들은 주식투자를 통해 많은 이익을 거둘 수도, 또 반대로 손실을 입을 수도 있습니다. 아마도 여러분의 아버지, 어머니가 주식에 투자했다가 돈을 얼마나 벌었다든지, 아니면 얼마나 손해를 봤다는 식의 얘기를 접해봤을 겁니다. 개인들도 증권사 계좌에 주식을 사고 팔 만한 돈이 있으면 얼마든지 투자에 나설 수 있기 때문이죠. 실제 어른 4~5명 가운데 한 명은 주식 투자를 하고 있습니다.

경제야 놀자

주식투자로 부자되기

주식투자로 돈을 버는 원리는 무척이나 간단합니다. 주식이 원래 가지고 있는 본질 가치에 비해 낮은 가격에 거래되는 주식을 사서, 주가가 올랐을 때 팔아 이익을 챙기기만 하면 됩니다. 이 때문에 많은 투자자들이 주식 투자에 열광합니다. 어떤 사람은 주식투자로 많은 돈을 벌기도 하고 어떤 사람들은 주식투자로 큰 손실을 보기도 합니다. 예를 들어 워런 버핏이라는 미국의 유명한 투자자는 한 번도 사업을 해 본 적이 없지만 주식투자로만 세계 2위의 부자 자리에 올랐습니다.

주식투자는 말처럼 그리 쉬운 일만은 아닙니다. 자신이 투자한 회사가 망할 경우 투자한 돈을 모두 날려 '깡통계좌'만 남을 수도 있죠. 이 때문에 주식투자는 '과학'인 동시에 '예술'이라고도 합니다. 수많은 상장회사 가운데 어느 기업의 주식을 언제 사서 언제 파느냐를 결정해야 하는 어려움도 있습니다. 많은 경우의 수가 있는 만큼 어떻게 최적의 조합을 만들어내느냐에 따라 성과도 달라지게 마련입니다.

주식투자는 그렇지만 분명히 승산이 있는 투자입니다. 카지노에서 하는 도박의 경우 항상 일정 수준의 승률이 정해져 있어서 게임을 오래 하면 할수록 정해진 승률 때문에 돈을 잃을 수밖에는 없습니다. 반면 주식투자는 기업의 성장, 발전과 함께 얼마든지 막대한 수익을 거둘 수 있죠. 특히 시장에는 이렇게 성공투자로 안내하는 많은 '힌트'들이 숨어 있습니다. 기업이 어느 정도의 이익을 내고 있는지, 또 비슷한 다른 회사와 비교했을 때 그 기업의 주가는 어느 정도 수준인지를 비교해 볼 수 있는 다양한 지표가 있죠. 또 직접 자신이 주식투자를 할 만한 지식 이나 용기가 없다면, 주식을 가장 잘 아는 사람들에게 돈을 맡겨 운용 할 수 있는 간접투자 상품, 펀드도 있습니다. 요즘은 이 펀드에 가입하 는 사람이 많은데요, 최근 자료를 보면 한 가구당 평균 1개 이상의 펀 드에 가입한 것으로 나와 있을 만큼 많은 사람들이 가입해 있습니다.

따로 또 같이

선거와 주주총회

민주주의 사회에서는 투표권을 가진 국민이 직접 선거를 통해 국가 의 지도자를 선출하고 국가 경영을 맡깁니다. 직접 투표에는 참여하지 만 국가의 운영은 자신들이 뽑은 대표자에게 위임하는 '대의 민주주의' 를 채택하고 있죠. 이 때문에 선거는 민주주의 국가 국민들의 가장 큰 권리이자 의무, 축제이기도 합니다. 이렇게 민주주의를 채택하고 있는 국가에서는 다수결의 원칙에 따른 의사결정이 기본이 됩니다. 선거를 통해 더 많은 유권자의 지지를 받은 후보자가 대표가 되고, 또 아주 중 요한 국가적 사안에 대해서는 직접 '국민투표'라는 형식으로 국민의 의사를 묻게 됩니다.

주식회사의 의사결정은 주주총회를 거쳐 이뤄집니다. 기업을 국가에 비유한다면, 주주총회는 선거와 똑 같은 역할을 하게 되죠. 주주총회를 통해 회사를 대표할 '대표이사'를 선출하고, 임원 선임과 이익 처분 등 중요한 결정을 내립니다. 민주주의 국가에서 선거를 통해 다수의 지지를 받은 사람이 대표자가 되는 것처럼, 주주총회에서도 다수결의 원칙에 따라 가장 많은 주주의 지지를 받은 사람이 대표가 됩니다. 선거와 주주총회는 이렇게 큰 원칙에서 많은 공통점을 갖고 있습니다.

그런데 선거와 주주총회에는 큰 차이도 있습니다. 민주주의는 모든 사람이 비교할 수 없는 존귀한 인권을 가졌다는 평등의 개념에서 시작합니다. 이 때문에 선거도 1인 1표를 원칙으로 하죠. 선거의 4대원칙이라고 할 수 있는 비밀, 평등, 보통, 직접투표의 원칙을 기억하면 됩니다.

반면 주주총회에서는 1인 1표라는 원칙이 적용되지 않습니다. 1인 1표 대신에 1주 1표의 원칙이 우선하기 때문이죠. 기업의 자본금을 마련할 때 더 많은 돈을 낸 사람은 더 큰 의사결정권을 갖게 되는 건데요, 이 점에서 선거와 가장 다릅니다. 만약 한 사람이 똑 같이 1표의 권리를 갖게 된다면 기업에 대한 소유권이 약해지고, 결과적으로 주주간의 의견이 다를 때마다 의사결정을 하는 데 어려움을 겪을 수 있는 부작용을 방지하기 위한 장치인 셈입니다. 예를 들어 A라는 사람이 51%의 주식을 가지고 있고, A에 반대하는 나머지 99명의 주주가 49%의 주식을 가지고 있다면, 이 회사의 최종 의사결정권은 51%의 주식을 가진 A가 됩니다. 반면, 선거에서 이런 일이 벌어졌다면 당연히 A가 아니라 99명이 뜻을 모은 다른 사람이 대표자가 됐겠죠.

경제상식 - 주식과 채권

주식과 채권은 기업이 사업을 시작하거나 확대하기 위해 돈을 필요로 할 때 가장 일반적으로 돈을 모을 수 있는 방법입니다. 그렇지만 이렇게 기업이 돈을 모으기 위한 수단이라는 공통점 외에는 같은 게 하나도 없을 정도로 주식과 채권에는 많은 차이가 있습니다.

주식을 갖고 있는 주주는 기업의 주인이라고 할 만큼 많은 권리와 책임이 있습니다. 주주총회에 참석할 수 있고, 자신의 지분율만큼 회사 경영에 참가할 수 있는 권리도 있습니다. 반면 채권은 돈을 외부에서 빌리기만 할 뿐, 돈을 빌려준 사람은 빌려준 돈에 대한 이자를 받는 것 외에는 회사에 아무 권리나 의무가 없습니다.

주식투자는 그 기업이 발전, 성장해서 언젠가 자신이 투자한 금액에 비해 많은 돈을 회수할 수 있을 것이라는 기대에서 출발합니다. 반면 채권은 그 회사가 성장하든지, 후퇴하든지에는 관심이 별로 없습니다. 오로지 돈을 빌려준 기업이 정해진 기간에 빌려간 돈을 갚을 수 있을지 없을지에만 관심입니다.

조금 쉽게 설명하자면, 주식은 원래 자신이 가지고 있는 돈인 반면 채권은 다른 사람에게서 빌려온 돈이라고 생각하면 됩니다. 채권은 기업 입장에서 보면 일종의 빚인 셈이죠. 주식에 투자한다면 기업이 벌어들인 돈에 대한 '배당'을 받게 되지만 채권은 벌어들인 이익에는 상관없이 정해진 '이자'를 받게 됩니다. 해당 기업이 적자를 냈다고 해도 채권에 대해서는 이자를 지급해야 합니다.

이 때문에 주식은 돈을 벌 가능성도 높지만 그렇지 못할 위험도 커 '고수익 고위험' 투자 상품으로 꼽힙니다. 반면 채권은 최악의 경우처럼 회사가 완전히 망하지만 않는다면 정해진 이자를 받을 수 있는 '저위험 저수익' 투자 상품으로 평가받습니다.

부모님과 함께 "생각해 보세요!"

석완이 부모님은 요즘 기분이 아주 좋습니다.

아빠가 투자한 기업의 주가가 많이 올랐다는군요. 1만 2000원을 주고 산 주식이 2만원까지 올랐으니, 기분이 안 좋을 수 없죠. 그래 서인지 요즘 맛있는 반찬이 식탁에 자주 올라옵니다. 그런데, 과연 주식시장에서 어떤 기업의 주가는 오르고 어떤 기업의 주가는 내리 는 걸까요? 또 어떻게 해야 주가가 오르는 기업의 주식을 살 수 있 을까요?

· 음식점에서 10% 부가가치세를 받는 이유는?
· 경제를 누가, 어떻게 움직일까?

경제를 움직이는 네 바퀴

12 경제를 움직이는 네바퀴

오늘은 석완이 아빠, 엄마의 17번째 결혼기념일입니다. 석완이가 벌써 14살이 됐으니, 아버지 엄마가 결혼한지도 그렇게 오랜 시간이 흐른 건 당연해 보입니다.

"오늘은 모처럼 우리 식구끼리 근사한 레스토랑에 가서 축하 파티를 해 볼까? 자, 빨리들 옷 챙겨 입으시죠~!"

"구두쇠 당신이 웬일이에요? 근사한 레스토랑 얘기를 다하고. 말만 으로도 됐으니, 그냥 집에서 삼겹살이나 구워 먹어요. 레스토랑 가서 우리 식구가 다 같이 먹으면 돈이 얼만데?"

항상 '돈'부터 걱정하는 엄마가 이번에도 강하게 '태클'을 걸고 들어옵니다.

"다 이렇게 축하할 일에 쓰라고 돈도 벌고, 열심히 회사도 다니는 거라고. 우리 같은 사람이 써 줘야, 레스토랑도 먹고 살 일 아닌가. 걱정말고 서둘러 나가자고요."

"맞아요. 엄마. 아빠가 맛있는 것 사준다고 할 때 빨리 가요." 옆에서 석완이, 지은이 남매가 거듭니다. 이미 마음은 레스토랑에 가 있거든요.

"자, 각자 메뉴판 보고 먹고 싶은 걸 시켜주세요. 저녁 값은 걱정 마

179

시라. 아빠가 얼마 전에 원고료를 받은 게 있거든."

"이거 봐요. 여기 엄청 비싸잖아요. 더군다나 여긴 VAT도 별도라고 돼 있네요. 그러게 그냥 집에서 먹자니까."

"걱정하지 말고, 오늘은 즐겁게 식사하시죠. 마눌님. VAT니, 음식 값 걱정은 이제 그만 좀 하시고. 당신을 만나 이렇게 행복한 가족을 꾸렸는데, 이렇게 저녁 값 걱정이나 해야겠어요."

"아빠 말이 맞아요. 엄마. 잔소리 좀 그만해요. 그런데, 아빠. 이 메뉴판에 VAT 별도라고 써 있는 이건 무슨 뜻이에요? 처음 듣는 말인데." 이번에도 석완이가 아빠, 엄마의 신경전에 종지부를 찍습니다.

180

"아, VAT! 석완이가 이건 모를 수도 있겠구나. VAT는 부가가치세라고 하는데, 우리가 정부에 내는 세금 중에 하나란다. 보통은 이 부가가치세를 제품 가격이나 음식값에 포함시켜서 가격을 매기게 되는데, 가끔 이런 고급 식당 같은 곳에서는 음식값과는 별도로 VAT를 따로 받기도 한단다. 세금은 고객이 직접 부담하라는 거지. 그럼 VAT라는 말이 나온 김에 오늘 밤 집에 돌아가선 세금에 대해서 좀 알아볼까?"

"일단 맛있는 저녁부터 먹고요. 아빠, 엄마 결혼 정말 축하드려요. 그리고 저와 지은이 같이 잘생기고 예쁜 아들, 딸 낳으신 것도 축하드리고요. 하하하!"

"뭐라고 이 녀석아! 하하하."

경제를 움직이는 네 바퀴

해적도 피할 수 없었던 '세금'

바다에서 노략질을 생업으로 하는 해적. 동화나 역사 속에서나 존재할 것 같은 해적이 21세기 현재도 존재한다는 사실을 아세요? 아프리카 일부 국가에서처럼 치안이 불안한 지역에서는 여전히 많은 해적이 바다를 지나는 배들을 노리고 있습니다. 아프리카 뿐 아니라 동남아시아 일대에서 활약하는 해적들도 있죠. 해적들도 진화를 한 까닭에, 이제 칼이 아니라 최첨단 무기를 앞세워 민간 선박을 위협하고 있습니다.

2010년, 우리나라 선박이 아프리카 해역을 지나다 소말리아 해적에 납치돼 많은 몸값을 주고서야 풀려나는 일도 발생했습니다. 이때 한국 해군은 이순신함을 사고 해역에 급파해 해적 소탕 작전에 나선다고 했지만, 그렇게 쉽게 잡힐 해적이 아닙니다. 이들은 거액의 몸값을 받고서야 생포한 선원들을 풀어줬습니다.

한국 해군이 대규모 소탕 작전을 통해 해적에 납치된 한국 선박과 선원들을 구출해 낸 적도 있습니다. 이 과정에서 석해균 선장이 중상을 입는 사고도 있었죠. 이렇게 해적에게 피해를 보는 경우가 늘면서, 왜 해적을 잡지 못하고 당하고만 있느냐고 물을 수 있지만, 해적들은 어느 한 곳에 본거지를 두지 않고 이리 저리 옮겨 다니는 터라 소탕하기가 쉽지 않습니다. 또 평상시에는 선량한 어부나 농부처럼 행동하는 터라 누가 해적인지를 파악하는 것도 어렵습니다.

그런데 이렇게 무지막지한 바다의 무법자, 해적도 무서워하는 게 있습니다. 바로 세금이라고 하는데요, 무정부 상태인 소말리아 해적조 차도 자신의 뒤를 봐주는 권력 집단에 노획한 물량의 일부를 '상납'하고 있습니다. 정확한 이름이 국가에 납부하는 '세금'은 아니겠지만, 자신 들을 보호해주는 대가로 권력층에 제공하는 일종의 세금과 같은 셈 이죠.

중세시대에는 실제 해적들이 많은 세금을 부담하기도 했습니다. 9~11세기, 유럽 전역을 공포에 떨게 했던 바이킹은 노략질한 물건 가 운데 3분의 1은 노르웨이나 덴마크 왕실에 세금으로 지불했습니다. 스 페인의 무적함대나 세계를 호령한 영국의 막강한 해군력도 사실 해적 들이 일부 군인으로 편입되면서 가능했다는 분석도 있습니다. 해적질 을 통해 국력을 키웠던 것도 사실입니다.

이 때문에 미국 독립선언문을 기초해 '미국 건국의 아버지'로 꼽히는 벤자민 프랭클린은 "죽음과 세금은 사람이 피할 수 없는 가장 확실한 것"이라는 명언을 남기기도 했죠. "소득이 있는 곳에 세금이 있다"는 조세 원칙도 있습니다.

이렇게 우리의 모든 경제 생활에는 알게 모르게 많은 세금이 포함돼 있습니다. 정부는 이렇게 거둬들인 세금으로 군대를 육성해 안보를 책 임지고, 경찰을 만들어 치안을 유지합니다. 또 미래를 위해 젊은이들을 교육하고 가난한 사람들에게는 최소한의 생계를 책임지는 역할을 합 니다.

소비, 생산의 주인공 '가계'

경제 주체는 자신의 사고와 판단을 바탕으로 경제 행위, 경제생활을 하는 기본 단위입니다. 경제 활동을 수행하는 기본적인 구성단위는 개인으로 조직된 가계와 기업, 정부 등 세 가지가 꼽힙니다. 이들은 각자 생산과 소비를 하는 방식으로 경제 활동을 지속하게 되는데, 경제 활동이 원활히 이뤄질 수 있도록 각자의 역할을 담당합니다.

가계는 가장 기본적인 경제 주체로 꼽힙니다. 개인의 집합 단위라고 할 수 있는 가계는 소비 활동의 주체입니다. 가계의 소비는 경제를 지탱하는 가장 중요한 활동으로 꼽힙니다. 가계의 소비가 없다면 기업과 정부의 경제 활동은 유지되기 어렵습니다.

가계는 소비와 동시에 생산에 필요한 노동력과 자본, 토지 등을 나머지 두 경제 주체인 기업과 정부에 제공하는 주인공이기도 합니다. 또 소비를 하고 남은 돈을 저축해 이를 다시 기업 투자에 활용할 수 있는 자본을 마련하는 역할도 합니다. 이 때문에 개인은 소비자로서의 역할과 공급자로서의 역할을 동시에 수행하는, 가장 중요한 경제 주체가 됩니다.

가계는 정부나 기업에 노동력과 자본, 토지와 같은 생산 요소를 제공한 대가로 '소득'을 얻습니다. 여러분의 아버지, 어머니가 회사에서 열심히 일을 하게 되면 '월급'으로 불리는 근로소득을 받게 되고, 만약 땅을 가지고 있어 회사에 빌려줬다면 '월세'로 불리는 임대 소득을 올리게

183

됩니다. 회사의 주식을 사서 자본을 제공했다면 '배당'으로 불리는 배당소득을 얻게 되죠. 이렇게 생산요소를 제공했기 때문에 받게 되는 소득을 바탕으로 개인은 소비를 하게 됩니다. 기업이 만들어 놓은 제품이나 서비스를 이용하는가 하면, 정부가 제공한 도로와 교육, 안보 같은 서비스를 누리게 되는 거죠.

개인은 소비를 하고 남은 돈을 저축합니다. 저축은 연령에 따라 소득과 지출의 차이가 발생하기 때문에, 소득이 없어졌을 때를 대비하는 목적에서 이뤄집니다. 예를 들어 회사의 정년이 60세까지라면, 그 때까지는 열심히 일해 근로소득을 얻을 수 있지만 퇴직 이후에는 그 동안 저축해 놓은 돈을 소비할 수밖에 없습니다. 이렇게 개인이 저축한 돈은 '자본'으로 축적돼 기업에 제공되기도 합니다.

석완이의 하루 일과를 예로 들어보죠. 일찍 일어나 석완이가 학교에 가는 건, 정부에서 제공하는 '교육 서비스'를 이용하는 겁니다. 석완이가 교육 서비스를 이용하는 대가로, 석완이의 부모님은 '세금'을 정부에 지불합니다. 학교에서 돌아오는 길에 스케치북을 한 권 샀다면, 석완이는 스케치북을 소비한 셈입니다. 스케치북을 소비하는 대가로 스케치북을 만든 회사에 돈을 지불하게 되는 소비자의 역할에 충실한 셈이죠. 석완이는 아직 학생이기 때문에 따로 생산 활동에는 참여하지 않습니다. 경제 구성의 기본 단위로 개인이 아니라 '가계'를 꼽은 것도 이렇게 개인 중에는 경제 활동에 참가하지 않는 사람들도 있기 때문입니다. 대신 석완이 부모님이 회사에서 일하며 '노동력'을 제공하는가 하면 주식 회사에 투자해 '자본'을 제공하게 되죠. 이 대가로 석완이 부모님은 월급이나 배당을 받습니다.

생산의 주인공 '기업'

경제 주체로서 기업의 역할은 생산에 있습니다. 개인이 소비하려 하는 재화나 서비스를 만들어 제공하는 게 기업의 기본 역할입니다. 생산과 판매를 통해 기업은 이익을 추구합니다. 기업의 가장 기본적인 존재 목적은 이익 추구에 있습니다. 최근 들어 기업의 사회적인 역할이 강조되면서 기업의 이익 추구 못지않게 사회적 책임을 중요시하고 있지만, 기업은 본래 이익 추구를 기본으로 합니다. 이익이 나야 기업이 생존할 수 있고, 기업의 생존을 바탕으로 지속적인 생산이 가능하기 때문입니다.

기업은 노동과 토지, 자본 등 생산의 3요소를 투입해 제품이나 서비스를 만들어 냅니다. 생산의 3요소 가운데 토지와 자본은 가계나 정부로부터 제공받을 수 있고, 노동력은 가계를 기본으로 합니다.

노동은 생산을 위한 개인의 모든 활동을 포괄합니다. 건설 현장에서 벽돌을 나르는 육체적인 노동일 수도 있고, 광고를 만드는 카피라이터의 창의적 활동일 수도 있습니다. 경제 구조가 높아질수록 육체노동의 비중은 줄어들고 정신적 노동의 비중은 커지게 됩니다.

토지는 실제 생산 활동에 반드시 필요한 토지를 비롯해 모든 자연자원을 포괄합니다. 공장을 짓기 위한 공장부지일 수도 있고, 음식점을 하기 위해 필요한 가게일 수도 있습니다. 강철판을 만들어 내기 위해 필요한 철광석도 광범위한 의미의 토지로 분류됩니다.

자본은 재화나 서비스를 만들어 내는 과정에서 직간접적으로 필요한 모든 자금을 의미합니다. 기업은 생산을 위해 토지와 노동을 제공한 경제 주체에게 비용을 지불하게 되는데, 이 때 자금이 필요합니다. 기업이 노동과 토지를 제공받아 원활하게 작동하려면 반드시 필요한 필수 자원이죠.

한국 대표 기업 가운데 한 곳으로 꼽히는 포스코의 예를 들어보겠습니다. 포스코는 1만 7000명의 임직원이 육체적, 정신적 노동을 제공합니다. 이 대가로 포스코는 임직원들에게 임금을 지불하게 됩니다. 포스코가 활용하는 토지는 경북 포항, 전남 광양 등 제철소 현장과 서울 본사가 위치한 사무실 등을 생산에 필요한 토지로 활용합니다. 제철소 부지와 사무실은 포스코가 개인이나 정부로부터 이미 구입해 사용하는 곳일 수도 있고, 일부는 임대로 계약해 임대료를 지불하기도 합니다. 자본은 포스코가 토지를 구입하거나 임금을 주기 위해 필요한 자금을 뜻합니다. 이 자금에는 주식회사를 설립할 때 주주로 참여한 사람들의 자본금을 바탕으로, 그 동안 기업 활동을 통해 축적한 이익금이 모두 포함돼 있습니다.

시장의 조력자 정부

정부는 가계와 마찬가지로 생산과 소비 활동의 주체로 꼽힙니다. 그러나 이런 생산과 소비에 앞서 정부에는 더 중요한 역할이 주어지는데, 바로 생산자인 기업과 소비자인 가계의 경제활동을 돕고 지원하는 일입니다. 시장 질서를 유지하고 경제 활동이 원활이 이뤄질 수 있는 기반을 제공하는 역할이 바로 정부의 몫입니다.

소비자로서 정부는 가계와 같은 역할을 합니다. 정부는 기업이 생산한 제품과 서비스를 이용해 시장이 원활한 작동을 할 수 있는 역할을 합니다. 생산자로서 정부는 자체로 제품과 서비스를 생산해 가계와 기업에 공급하기도 합니다. 고속도로를 건설하거나 공영 아파트를 만들어 가계와 기업이 이용할 수 있도록 하는 건, 일종의 생산 활동입니다. 이렇게 공공의 이익에 부합하는 생산활동을 통해 정부가 시장에 공급하는 제품이나 서비스를 '공공재'라고 합니다.

무엇보다 정부는 시장이 원활히 작동할 수 있는 질서를 만듭니다. 원활한 경제 활동이 가능하기 위해서는 바탕이 돼야 하는 여러 가지 요소들이 있습니다. 다른 국가의 부당한 간섭을 막을 수 있는 주권을 확보하기 위한 안보, 가계와 기업의 안전을 보장할 수 있는 치안, 우수한 노동력을 공급할 수 있는 기본이 되는 교육 등은 시장이 제대로 작동할 수 있는 기본입니다. 이런 안보와 치안, 교육 등은 정부가 제공하는 일종의 공공 서비스로, 정부는 소비를 통해 공공 서비스를 생산합니다.

정부는 또 특정 기업이나 집단이 부당한 권력을 통해 사회적인 부를 독점하는 것을 방지하기 위한 관리, 감독도 담당합니다. 완벽해 보이는 시장도 때로는 왜곡돼 심각한 부작용을 만들어 내기 때문이죠.

정부는 이렇게 생산과 소비에 필요한 자원을 세금을 통해 충당합니다. '소득이 있는 곳에 세금이 있다'는 조세 원칙에 따라, 가계와 기업이 경제활동을 통해 소득을 얻게 되면 소득의 일정 비율은 정부가 세금으로 거둬들입니다. 정부는 이 세금을 재원으로 다시 안보와 치안, 교육과 같은 공공 서비스를 제공합니다.

대한민국 정부는 국민에게는 근로소득세(회사원)와 종합소득세(자영업)를 징수합니다. 회사가 거둔 이익에 대해서는 법인세를 부과하고, 또 개인이나 기업이 물건이나 서비스를 이용할 때 부가가치세(VAT)를 받습니다. 이렇게 연간 정부가 거둬들이는 세금은 2010년 한 해에만 180조원에 달합니다.

정부는 이렇게 거둬들인 세금을 바탕으로 국방비를 충당하고 교육과 복지 분야에도 많은 돈을 씁니다. 공무원들이 받는 월급도 이런 세금으로 지급됩니다. 가계와 마찬가지로 정부도 지출이 거둬들인 세금보다 많을 경우 적자를 보게 돼, 부족한 돈은 '국채'를 발행해 다른 나라나 기업, 개인에게서 빌려옵니다. 일종의 빚을 안게 되는 셈입니다. 반대로 세금을 지출보다 많이 걷으면 흑자가 되는데, 이렇게 흑자를 기록하게 되면 적자를 냈을 때 빌려온 돈을 갚는 데 쓰게 됩니다.

교역 파트너 해외(외국)

가계와 기업, 정부는 국민 경제의 3주체로 불립니다. 국민경제는 재화와 서비스의 이동을 통해 다른 나라와 거래를 하게 되는데, 개방경제에서는 해외(외국)도 경제 주체가 됩니다. 요즘처럼 글로벌화된 경제 환경에서, 해외를 빼 놓고는 경제 흐름을 논하기 어렵습니다. 북한과 같이 극도로 폐쇄된 자립경제를 추구한다고 하더라도, 외국과의 거래는 불가피하기 때문입니다.

가계와 기업, 정부로 구성된 외국은 소비와 생산의 주체입니다. 외국에서도 다양한 생산과 소비 활동이 이뤄지고, 각 국가는 무역을 통해 부족한 부분을 보완하며 세계 경제의 발전을 이끌어 갑니다. 가계와 기업, 정부는 수출을 통해 외국의 '소비' 수요를 충족하고, 수입을 통해 외국에서 '생산'된 물품이나 서비스를 소비하게 됩니다.

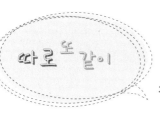

따로또같이

카론의 동전 한 닢과 '공짜 점심'

동서양을 막론하고 구성과 스토리가 거의 같은 이야기는 여럿 있습니다. 영웅의 신화나 공주나 요정이 등장하는 동화처럼 사람들이 만들어 낸 얘기 중에는 주인공 이름만 다를 뿐 배경과 내용이 거의 비슷한 경우가 많습니다.

그리스 신화에는 '카론'이라는 이름의 뱃사공이 등장합니다. 카론은 이승과 저승을 나누는 강을 건너게 해준다는 뱃사공인데, 죽은 사람의 영혼이 이승을 떠나 저승으로 무사히 건너가려면 카론에게 뱃삯을 줘야만 합니다. 이 때문에 그리스 사람들은 죽은 사람을 매장할 때, 그 사람의 입에 1오로보스짜리 동전 하나를 물려주는 관습이 있었습니다. 카론을 만나 이승에서 저승으로 갈 때 뱃삯으로 쓰라는 뜻이었죠. 만약 카론에게 뱃삯을 주지 않으면 카론은 이 강을 건너게 해주지 않아 죽은 사람의 영혼은 저승으로 가지 못하고 이승을 떠돌아다닐 수밖에 없습니다. 죽어서도 쉴 곳을 찾지 못하고 영영 세상을 헤매고 다니게 되는 거죠. 불교에도 비슷한 이야기가 있습니다. 불교에서는 우리가 살고 있는 현실세계인 사바세계와 이상향인 극락세계를 '삼도천'이 나누고 있습니다. 이 삼도천을 건너기 위해서는 통행료가 필요합니다. 불교가 한국에 전파되기 오래 전인 한국의 삼한 시대에도 노잣돈이라는 개념이 존재했습니다. 죽은 사람을 매장할 때, 당시 화폐로 사용됐던 직사각형 모양의 덩이쇠를 같이 묻어 죽은 영혼이 노잣돈을 갖고 저승 가는 길을 편히 가도록 배려한 겁니다. 카론의 동전 한 닢이나 저승길 노잣돈, 장소와 시대는 다르지만 이승을 떠나는 사람에게, 마지막 애도와 위로를 동전 한 닢으로 대신했는지 모릅니다.

이렇게 죽어서 저승을 가는 데도 '공짜'는 없습니다. 지금 당장은 공짜처럼 느낄 수 있지만 반드시 대가가 따르게 마련입니다. 경제학에서는 이를 두고 "공짜 점심은 없다(There is no free lunch)"고 말합니다. '누군가가 인정을 베풀어 공짜로 점심을 사주는 일은 없다'는 직설적인 의미보다는 모든 일에는 반드시 대가가 따른다는 경제학의 기본 원리를 표현한 문구라고 할 수 있습니다.

할인점에 가면 '두루마리 화장지 4개를 사면 1개를 공짜로 준다'는 식의 이벤트를 많이 봤을 겁니다. 이렇게 4개를 사면 1개를 공짜로 준다면, 당장 공짜로 받게 되는 한 개의 휴지는 정말 '공짜'일까요? 절대 아닙니다. 이익 추구를 기본으로 하는 기업이 소비자에게 얼마나 자비심이 있다고 공짜로 물건을 주겠어요? 이미 4개의 판매 가격에 어느 정도 가격이 포함돼 있거나, 이번 이벤트에는 당장 밑지고 팔 수 있겠지만 화장지를 계속 살 수 있게 유도하면서 언젠가는 공짜로 지급했던 한 개의 화장지 가격 이상으로 본전을 뽑아가려는 고도의 마케팅 전술이 바탕에 있는 겁니다.

사람들은 종종 당장 보이는 눈앞의 이익에 현혹돼 미래에 반드시 발생할 수밖에 없는 비용을 무시하곤 합니다. 대표적인 경우가 '과소비'죠. 현재 소득을 넘는 과도한 지출은, 당장 물건을 사는 기쁨이 있지만 언젠가 갚아야 할 빚을 남깁니다. 2003년 카드 대란도 사람들이 카드를 '공짜 점심'으로만 생각하고, 나중에 돌아올 원금과 이자는 무시했기 때문이죠. 저승을 가는데도 공짜가 없는데, 세상에 공짜가 어디 있을까요?

경제야 놀자

경제 상식 - 세계 속 대한민국

국제기구인 UN에는 2010년을 기준으로 모두 192개의 국가가 회원으로 가입해 있습니다. 그럼 이 192개 국가 가운데 우리가 사는 대한민국은 과연 어느 정도의 위상을 가지고 있을까요? 몇 가지 숫자로 세계 속 대한민국에 대해 알아봅니다.

1 유일의 분단국가 · 세계 최대 반도체 생산국

분단국가의 사전적 정의는 원래 하나의 국가였지만 전쟁이나 외국의 지배로 인해 생겨난 경계선에 의해 2개 이상으로 나뉘어 있는 국가입니다. 대한민국(Republic of Korea :남한)과 조선민주주의인민공화국(Democratic Peoples Republic of Korea :북한)은 아직까지 지구상에 남아 있는 유일의 분단국가로 평가받습니다.

 : 대한민국은 '정보화 시대의 쌀'로 불리는 반도체 수출, 생산 1위 국가입니다. 삼성전자와 하이닉스 등 한국 기업들은 전체 세계 반도체 생산의 32%를 담당하고 있습니다.

7 2008년 베이징 올림픽 최종 순위

대한민국은 2008년 중국 베이징에서 열린 하계 올림픽에서 금메달 13개, 은메달 10개, 동메달 8개를 획득해 종합순위 7위에 올랐습니다. 1위는 개최국 중국, 2위는 전통적인 스포츠 강국 미국이 차지했죠. 라이벌로 꼽히는 일본은 우리나라에 이어 8위를 차지했습니다. 한국의 경제력이 세계 13위, 인구수는 25위라는 점을 감안하면 대단한 스포츠 강국이라고 자부할만 합니다.

13 대한민국의 세계 경제 규모 순위

대한민국의 경제규모는 2010년 기준 1145조원, 1조 15억 달러로 세계 13위를 기록했습니다. 2009년 15위보다는 두 계단 올랐습니다. 세계 1위의 경제대국은 미국이고, 최근 급격한 경제 발전을 이러낸 중국은 일본을 처음으로 제치고 2위의 경제대국으로 성장했습니다. 3위는 일본, 4위는 독일 순입니다. 현재와 같은 경제 성장아 이어진다면 중국은 2020년 미국을 제치고 세계 1위 자리에 오를 것으로 예상됩니다. 경제규모(1인 국민소득

× 총인구)는 그 나라의 경제 발전 정도와 인구수에 좌우됩니다. 한국은 10위권 진입을 목표로 하지만 인도, 브라질, 멕시코 등 우리보다 인구가 많은 국가들이 상위권에 포진돼 있어 쉽지 않은 목표지만 경제 성장이 꾸준히 이뤄진다면 불가능한 일은 아닙니다. 또 남북한 통일이라는 중요한 변수도 있습니다.

22 대한민국 경쟁력 순위

스위스 국제경영개발원 IMD는 매년 주요 나라의 국가경쟁력 순위를 계량화 해 순위를 매기고 있습니다. 2011년 자료를 보면 한국의 경쟁력 순위는 22위로, 2009년 27위보다 네 계단, 2010년 23위보다 한 계단 상승하며 역대 최고 순위에 올랐습니다. 경쟁력 1위 국가로는 미국과 홍콩이 공동으로 꼽혔고 3위는 싱가포르가 랭크됐습니다. 중국은 19위, 일본은 26위에 올랐습니다.

25 대한민국의 세계 인구 순위

미국 CIA에서 발표한 세계 인구 순위를 보면, 2010년 현재 대한민국의 인구는 모두 4850만 명으로 세계 25위입니다. 인구 1위의 대국은 13억 3800만 명이 있는 중국이고 2위는 11억 5600만 명의 인도입니다. 3위는 3억 700만 명의 미국, 4위는 2억 4000만 명의 인도네시아입니다. 이웃나라 일본은 1억 2700만 명으로 세계 10위에 랭크돼 있습니다. 남한 인구와 2260만 명의 북한 인구를 더하면 모두 7110만 명이 되는데, 이렇게 남북한을 합한 인구는 17위인 터키 7680만 명에 이어 18위 수준입니다.

부모님과 함께 "생각해 보세요!"

한 편의 영화에는 주인공을 비롯해 여러 조연과 엑스트라들이 출연합니다. 이들의 연기가 조화를 이루고 매끄럽게 이어질 때, 비로소 한편의 좋은 영화가 만들어지게 되는 거죠. 오케스트라도 연주를 구성하는 모든 악기들이 제 목소리를 내고 유기적으로 돌아갈 때만 하모니를 만들어 아름다운 음악을 만들어 내죠. 경제도 마찬가지입니다. 경제가 잘 돌아가려면 각각의 경제 주체들은 어떻게 해야 하는지 생각해 볼까요?